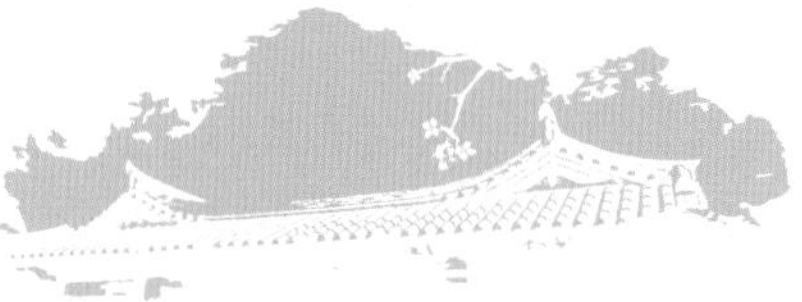

서유자를 흠모하며
거경궁리의 학문을 이루다,

의성
천사 김종덕
종가

기획 경상북도 · 경북대학교 영남문화연구원 | **지은이** 추제협

경북의 종가문화 연구진

연구책임자	정우락(경북대 국어국문학과)
공동연구원	황위주(경북대 한문학과) 조재모(경북대 건축학부)
종가선정위원장	황위주(경북대 한문학과)
종가선정위원	이수환(영남대 역사학과) 홍원식(계명대 철학윤리학과) 정명섭(경북대 건축학부) 배영동(안동대 민속학과) 이세동(경북대 중어중문학과)
종가연구팀	김위경(영남문화연구원 연구원) 이재현(영남문화연구원 연구원) 최은주(영남문화연구원 연구원) 황명환(영남문화연구원 연구보조원) 전설련(영남문화연구원 연구보조원)

축 · 간 · 사

경상북도에서 『**경북의 종가문화**』 **시리즈** 발간사업을 시작한 지 벌써 11년째가 되었습니다. 본 사업은 더 늦기 전에 지역의 종가문화를 기록으로 남겨 후세에 전해야 한다는 절박함에서 비롯되었고, 그간 많은 분들의 노고에 힘입어 어느새 61권의 책자가 발간되는 데 이르렀습니다. 이러한 결실은 우리 지역의 문화자산으로 자리 잡아 가고 있어, 300만 도민의 한 사람으로서 무척 보람되게 생각합니다.

경북은 예로부터 수많은 명현거유名賢巨儒가 배출되었고, 그분들이 이룩한 전통문화가 집적되어 온 중심입니다. 특히 이러한 전통문화의 중심에는 바로 경북의 종가宗家가 있습니다. 종가는 수백 년에 걸쳐 지역 사회의 구심점이자 전통문화의 상징으로 자리 잡아 그 역할을 묵묵히 수행해 왔습니다. 우리 도는 많은 수의 종가가 고유의 문화를 오늘날까지 온전히 지켜 오고 있기에, 우리나라 종가문화의 보고寶庫라고 해도 과언이 아닙니다.

하지만 최근 급변하는 사회와 종손·종부의 고령화 등으로 인해 종가문화는 점차 훼손·소멸되고 있는 실정입니다. 이에 경상북도에서는 종가문화를 보존·활용하는 한편, 발전적으로 계승하기 위해 2009년부터 **'종가문화 명품화 사업'**을 추진해 오고 있습니다. 체계적인 학술조사 및 연구를 통해 관련 인프라를 구축하고, 명품 브랜드화하는 등 향후 발전 가능성을 모색하기 위해 다방면으로 노력하고 있습니다.

경북대학교 영남문화연구원을 통해 2010년부터 추진하고 있는 『경북의 종가문화』 시리즈 발간도 이러한 사업의 일환입니다. 도내 종가를 대상으로 현재까지 『경북의 종가문화』 시리즈 61권을 발간하게 되었으며, 결과물은 관계 문중은 물론 일반인들로부터도 큰 호응을 얻고 있습니다. 이들 시리즈는 종가의 입지 조건과 형성 과정, 역사, 종가의 의례 및 생활문화, 건축문화, 종손과 종부의 일상과 가풍의 전승 등을 토대로 하여 일반인들이 쉽고 재미있게 읽을 수 있는 교양서 형태의 책자 및 영상물(DVD)로 제작되었습니다. 철저한 현장조사를 바탕으로 하여 관련 분야 전문가들이 집필함으로써 내용을 알차게 꾸미는 한편, 개별 종가의 특징을 부각시키고자 노력하였습니다.

이러한 노력으로, 금년에는 『**성주 문절공 김용초 종가**』, 『**예천 별동 윤상 종가**』, 『**안동 임연재 배삼익 종가**』, 『**칠곡 석담 이윤우 종가**』, 『**안동 간재 변중일 종가**』, 『**의성 천사 김종덕 종가**』 등 6곳의 종가를 대상으로 시리즈 6권을 발간하게 되었습니다. 이 시리즈의 발간은 앞으로도 계속되어 도내 100개 종가를 목표로 연차적으로 추진해 나갈 계획입니다. 이러한 시도는 종가 관련 자료의 축적을 통해 종가문화

보존 및 활용을 위한 기초자료를 제공함은 물론, 일반인들에게 우리 전통문화의 소중함과 우수성을 알리는 데 크게 도움이 될 것입니다.

최근 유교적 가치와 전통문화에 대한 재조명이 활발히 이루어지고 있습니다. 그 바탕에는 오늘날까지 전통문화를 올곧이 지켜 온 종문의 숨은 저력이 있었음을 기억하며, 우리 도에 내재한 전통문화를 계승해 나가야 할 것입니다. 이를 통해 경북의 정체성 확립은 물론, 미래지향적인 새로운 정신을 찾아 세계적 정신문화로의 발전으로까지 이어질 수 있을 것이라 확신합니다.

앞으로 경상북도에서는 현재 잊혀 가는 종가문화에 대한 국가 차원의 컨트롤 타워 건립 유치를 위해 힘쓸 것입니다. 아울러 종가문화에 대한 지속적인 조사·연구 추진과 더불어, 종가의 보존관리 및 활용 방안을 모색하는 데 적극 노력해 나갈 것을 약속드립니다. 이를 통해 전통문화를 소중히 지켜 오신 종손·종부님들의 자긍심을 고취시키고, 나아가 전국의 종가를 연계하는 종가문화 네트워크 구축과 더불어 종가문화를 세계적인 명품브랜드로 육성해 나갈 계획입니다.

끝으로 이 사업을 위해 애쓰신 이영호 경북대학교 영남문화연구원장님과 연구 책임자이신 정우락 교수님을 비롯한 여러 연구원분들, 그리고 집필자분들의 노고에 진심으로 감사드립니다. 아울러 각별한 관심을 갖고 적극적으로 협조해 주신 종손·종부님께도 감사의 말씀을 드립니다.

2020년 3월

경상북도지사 이 철 우

지·은·이·의·말

사촌마을을 처음 찾은 것은 지난 5월의 첫째 휴일이었다. 불천위 제례를 보기 위해서였다. 일찍 나섰으나 연휴라 즐비하게 늘어선 차들에 마음만 조급해졌다. 그 답답함을 뒤로하고 허겁지겁 달려 사촌마을에 도착했다. 받은 주소에 여느 가문의 종택일 것이라 짐작하고 마을을 두리번거리다 겨우 찾은 유자정, 아직 사람의 손때가 묻지 않은 말끔한 모습에 흠칫 놀랐다. 뒤늦게 도착한 나를 너무도 반갑게 맞아주시는 종손의 모습에 미안한 마음과 더불어 안도감마저 느껴졌다.

제례를 마치고 모인 친족들과 음복을 하며 종손의 여러 생각들을 들을 수 있었다. 현 종택의 모습과 유자정의 복원, 그리고 불천위 제례의 역사와 이에 대한 종손의 생각, 종손으로서 한 일과 해야 할 일들을 빠짐없이 열거하며 자손이 많지 않아 이것만으로도 힘에 부치는 일이라고 하신다. 그 말씀에 한 가문을 이어 온 종손의 뿌듯함 못지않게 짊어져야 할 책임감도 적지 않았음을 느끼게 되었다. 대구로 돌아오는 길에 사촌마을의 여러 고택과 가로숲을 둘러보며 그 아늑하고 아름다운 모습을 머리에 담았다.

그 뒤 천사 선생의 글을 읽기 시작했다. 몇 해 전 대산 이상정에 관한 글을 쓰면서 언젠가 한 번 살펴봐야겠다고 생각해온 터라 그리 낯설지는 않았다. 그러나 그 반가움도 잠시, 만만치 않은 여정이 될 것이란 예감이 들었다. 문집의 대부분이 편지와 잡저이고, 그 또한 가볍게 안부를 묻는 내용이 아닌 진지한 학문적 대화들로 채워져 있었다. 양도 양이지만 그 논변의 치밀함과 무게감에 압도되었다. 그의 글은 선학의 사상을 숙고하고 이에 대한 의문을 치열한 논쟁을 통해 얻은 결과물이었다. 여기에 스승인 대산 이상정을 비롯해 이종수·류장원·정종로 등 동학들과 이야순·정필규·조우각 등 후학들은 든든한 토론자가 되어 주었다.

사실 종가를 이해하는 이 자리에 나는 많은 부분을 천사 선생의 학문을 이야기하는 데 할애했다. 한때의 꿈으로 과거를 봤지만 여기에 연연하지 않고 유자 서치를 흠모하며 평생을 학문에 몰두했고, 이것을 또한 자랑스럽게 생각한 분이었기에 이 부분을 거론하지 않고 어떻게 이 가문을 이해할 수 있을까 생각했다. 그래서 2장에서 이를 집중적으로 다루었다. 비교적 쉬운 말로 핵심적인 내용만 간략히 정리해야겠다고 계획했으나 막상 쓰려니 생각처럼 되지 않았다. 이 부분이 읽는 분들에게 혹여 거부감으로 다가오지 않을까 걱정이다.

이것 외의 내용은 종가를 중심으로 서술했다. 1장에서 사촌마을의 내력과 여기에 터를 잡은 안동김씨 도평의공파의 인물들을, 3장에서는 사체 선생으로 알려진 천사 선생의 형제분들, 선생의 직계 후손들의 생애 및 행적을 간략히 정리했다. 4장에서는 종가의 중요한 자료, 불천위 제례의 절차와 내용에 대해 설명했다. 5장은 종가와 관련된 건축물을 소개했다. 사라진 종택을 대신하는 유자정, 초려와 사체헌, 그리고 천사 선생을 제향한 부강서원을 다루었다. 마지막으로 종손과 종부의 대화를 통해 그분들의 삶과 생각들을 들어 보고 이 종가가 대대로 이어 온 가풍에 대해서 알아 봤다.

천사 김종덕 종가를 한마디로 말하라면 담백함이라고 표현하고 싶다. 마치 흰 도화지에 하얀 색을 칠한 것과 같다고 할까. 잘 보이지 않지만 분명 존재하는 것. 선생의 인품과 그가 평생을 열망했던 학문이 그렇지 않았을까 한다. 세상을 도외시하진 않지만 오직 책에 파묻혀 또 다른 세상과 마주하며 자신의 주장과 논리를 구축하는, 그런 그를 세상 사람들은 비웃지만 그 사유의 깊이와 폭은 결코 무시할 수 없는, 이른바 '간서치看書癡'와 같은 사람, 나는 그런 간서치가 바로 진정한 학자라고 생각한다. 이러한 선생의 풍모가 종손을 비롯한 종가 사람들에게 면면히 이어 오고 있으며, 나를 비롯한 이 시대 사람들의 모범이 되기에 충분했다.

이 책이 교양서인 만큼 알기 쉽고 재미있게 쓰려다가도 '종가'라는 이름의 무게를 생각하면 너무 가벼운 것 또한 옳지 않은 듯했다. 하여 포정의 칼처럼 그 사이를 매끄럽게 이어 갈 수 있는 것을 찾다 보니 결국 아무것도 아닌 것이 되어 버렸다. 필자의 부족한 능력을 절감하지 않을 수 없었다. 다만 최대한 있는 사실을 그대로 전달하고 이에 대한 생각은 독자들에게 맡기려고 노력했다. 이러한 전제에도 불구하고 잘못된 정보를 전하거나 사실을 왜곡하여 종가 사람들에게 누가 되지나 않을지 걱정이 앞선다.

이 책을 쓰면서 여러 분들의 연구 및 자료에 도움을 많이 받았다. 특히 국사편찬위원회의 〈조선왕조실록〉을 비롯해 한국고전번역원의 〈한국문집총간〉, 한국국학진흥원의 〈유교넷〉, 한국학중앙연구원의

〈디지털의성문화대전〉, 그리고 김광남 선생님의 사촌마을에 관련된 편저 등에 빚을 지고 있다. 그러나 교양서의 성격상 일일이 각주를 달기보다 참고문헌에 명기하는 것으로 대신했다. 지면으로나마 감사한 말씀을 전하며 너그러운 마음으로 이해해 주시리라 믿는다.

마지막으로 이 책을 집필할 수 있는 기회를 주신 경북대 국어국문학과 정우락 교수님, 사전 자료 조사를 물심양면으로 도와준 경북대 영남문화연구원 종가팀 여러 선생님들께 감사의 말씀을 드린다. 특히 최은주 선생님께 너무 많은 기다림을 드려 죄송할 따름이다. 아울러 사진 자료를 제공해 주신 계명대 동산도서관 고문헌실 최경훈 선생님, 볼품없는 글을 이렇게 번듯한 모습으로 만들어 주신 박인경 선생님을 비롯해 경북대 출판부 관계자분들에게도 고마운 마음을 전한다. 마지막으로 천사 선생의 정신을 꿋꿋이 이어 온 종손, 종부님께 머리 숙여 존경을 표한다.

2020년 2월

궁산 앞 연구실에서

추제협 삼가 쓰다

목 차

제 1 장

사촌마을에 터 잡은 안동김씨

사촌마을에 터 잡은
안동김씨

1 의성의 반촌, 사촌마을

경상북도 중앙부에 위치한 의성군義城郡은 '의로운 성'이라는 이름답게 반촌班村이 많은 곳이다. 지금 그 의성에 있는 한 마을을 찾아가는 길이다. 중앙고속도로를 따라 달리다 경상북도 의성군을 알리는 이정표에서 나들목을 빠져 나온다. 5번 국도를 따라 의성읍을 거쳐 북동쪽으로 접어들어 10여 분쯤 가다 보면 아늑한 마을 하나가 시야에 들어온다. 바로 사촌마을이다.

사촌마을은 현재 경상북도 의성군 점곡면 사촌리에 위치한다. 점곡點谷은 중국 춘추시대 공자의 제자였던 증자曾子의 부친 증점曾點의 '점點' 자를 따서 '점곡'이 되었다. 1914년 행정구역 개편 때 면이 통폐합되면서 점곡면으로 개칭되어 현재에 이르고 있

사촌마을 전경

다. 여기에 사촌마을은 행정구역상으로 사촌 3리와 서변 2리의 일부가 속한다.

사촌沙村이란 이름은 중국의 후한 때 유명한 선비였던 유자孺子 서치徐穉(97-168)의 고향 사진촌沙眞村에서 따온 것이라고 한다. 일설에는 세종 때 잠실에 누에치기를 장려하여 점곡點谷 또는 점실點室이라고 부르기도 했으며, 마을에 사기점沙器店이 있어 사진沙眞이라고도 했다. 그리고 마을 주변 협곡에 사질토砂質土가 축적되어 땅이 비옥했기에 여기에서 유래했다는 말도 있다. 이런 사토로 정수를 하듯 물이 좋은 덕분에 사람들의 수명이 길어 수촌壽村이라고도 불렀으며 3대 장수촌의 하나로 알려졌다고 한다.

이 마을은 태백산맥에서 내려오다 서에서 남으로 꺾어 일월산

유자정 주변 마을 전경

맥을 이루고, 그 주맥을 따라 갈라진 자하산紫霞山과 기령산奇靈山을 배산背山으로, 남쪽에 금성산金城山을 안산案山으로 하며, 낙동강 지류인 기천沂川(지금의 미천眉川)이 마을 앞을 흐르는 전형적인 배산임수背山臨水의 지형이다. 더욱이 풍수적으로 마을의 지세가 동쪽이 높고 서쪽은 낮은 편이며 주변보다 중심이 높은, 흔히 말하는 금반형기金盤形氣의 형국을 갖추고 있다. 이는 큰 인물이 나는 명당의 조건에 해당한다.

실제로 이 마을에는 세 명의 정승이 난다는 전설이 구전되어 왔다. 신라시대 최치원의 장인이었던 나천업이 그 첫째이고, 조선

시대 류성룡이 그 둘째였으며, 나머지 한 명이 더 태어날 것이라고 믿었다고 한다. 그래서 이 마을 어른들은 출가한 여인들이 친정에 와서 애를 낳는 것을 꺼리는 분위기가 있었을 정도였다.

그런데 전미지지全美之地, 즉 세상에 완벽한 명당이란 없다고 했던가. 그 말은 명당이라도 부족한 면이 없을 수 없다는 뜻이다. 이 마을 또한 마찬가지였다. 멀리 마을 뒷산으로 문필봉이 서 있고 그 좌측은 좌산이 좌청룡의 형상을 하고 있으나, 우측은 광활한 들판이라 기의 흐름을 보호하는 우백호의 형상이 필요했다. 이런 형세는 사람이 살기에도 열악해 여름에는 홍수로 인한 범람의 위험을, 겨울에는 매서운 바람을 피할 수 없는 취약한 점이 있었다.

이를 위해 안동김씨 입향조인 김자첨은 비보책裨補策으로 마을 서편에 서림西林, 즉 가로숲을 조성했다. 이 숲은 매봉산 기슭에서 마을 앞을 흐르는 미천까지 폭이 40m, 길이가 약 1km 정도 이어진다. 여기에는 현재 수령이 300-600년 되는 상수리나무, 회나무, 팽나무, 갈참나무 등 17과 34종 1,500그루가 넘는 나무들이 서식하고 있다. 이로써 마을과 숲이 동서로 어울려 그 자체로 아름다움을 느낄 수 있을 수 있을 뿐만 아니라 풍수의 비보는 물론 홍수와 바람을 적절히 막는 방품림의 역할도 할 수 있도록 했다. 현재 이 숲은 천연기념물 405호로 지정되어 있다.

가로숲

사촌십육경沙村十六景

김양좌金良佐

동산에 뜨는 달	東峯新月
서산에 지는 해	西岑落日
남산의 붉은 꽃	南山紅綠
북산의 질푸른 나무	北岳蒼翠
봄 들에 내리는 가랑비	春郊小雨
여름 산의 한가로운 구름	夏峀閑雲
가을 갯가의 서리 맞은 단풍잎	秋浦霜葉
겨울 누각에서 감상하는 눈	冬樓賞雪
만년의 늙은 소나무	萬年古松
살구나무의 맑은 바람	杏樹清風
울창한 숲의 저녁연기	橋林夕煙
깊은 못에 낚시질	僧潭釣魚
앞내에 이른 저잣거리	前川赴市
가정에서 보는 농사일	稼亭觀稼
긴 제방에 목동의 피리 소리	長堤牧笛
모래톱에 친근한 갈매기	沙洲狎鷗

한편 사촌마을은 역사적으로도 유서 깊은 마을이다. 신라 말 최치원崔致遠의 장인인 나천업羅千業이, 고려 말에는 선비 손장기孫長釁가 살았다고 전한다. 이에 따르면 이곳에 마을이 형성되고 사람들이 정착한 이래 어림잡아 천 년이 넘는 시간을 이어 온 셈이다.

현재 이 마을은 안동김씨安東金氏, 안동권씨安東權氏, 풍산류씨豐山柳氏의 집성촌으로 알려져 있다. 처음 정착한 이는 안동김씨

안동김씨사촌입향 추원비

였다. 1392년에 김방경의 5세손이자 도평의공파인 김자첨이 안동의 풍산 회곡에서 옮겨 왔다. 이어 김자첨의 사위인 안동인 권식權軾이 안동의 동문동에서, 반남인 박항朴恒이 안동의 솔밤에서 입향했다. 그러나 이들은 후손 대에 이르러 인근의 서변과 월촌 등으로 옮겨 갔고, 이후 18세기 중엽에 풍산인 류태춘柳泰春이 이곳으로 옮겨 와서 살았다. 그 결과 현재는 안동김씨와 풍산류씨가 주로 세거하고 있다.

이러한 이 마을에는 귀중한 문화유적들이 많다. 40명이 넘는 대소과 급제자를 배출했다. 그런 인재의 요람답게 기와지붕이 바다를 이룬다 하여 '와해瓦解'라고 불렸다 하니 얼마나 장관이었을지 충분히 짐작이 간다. 대표적인 것으로는 한 가문의 역

병신창의기적비

사가 서려 있는 안동김씨 도평의공파종택, 후송재종택, 병촌구택 등을 비롯해 유학의 학풍이 남아 있는 만취당(국가지정문화재 보물 제1825호)과 영귀정(경상북도 유형문화재 제234호), 후산정사, 자여당, 양진당, 유자정, 만동서숙 등이 있다. 그 외에 임진왜란 때 김치중金致中 의사의 전적지로 유명한 건마산성이 마을 주위를 둘러싸고 있으며, 사촌리 향나무, 만년송萬年松, 지당池塘, 곳집[庫舍] 등도 곳곳에서 만날 수 있다.

그러나 이는 옛 모습의 일부에 불과하다. 그 또한 모두 100년 남짓밖에 안 된 건물들이다. 임진왜란과 무신년戊申年 이인좌의 난에 이어, 특히 명성왕후 시해로 촉발된 1896년 병신의병丙申義兵의 변을 피할 수 없었기 때문이다. 당시 의성지역은 사촌마을

이 중심이 되어 김상종金象鍾과 김수담金壽聃, 김수협金壽莢, 김수욱金壽旭 등의 의병장을 배출했다. 그러자 일본은 이를 빌미로 마을 전체를 없애기 위해 불을 질렀고, 수백 년을 이어 온 전통은 삽시간에 잿더미로 변하고 말았다. 기록에 의하면 그 불길이 3일 동안 멈추지 않았다고 하니 그때의 참혹함은 말로 표현할 수 없을 정도였다. 김사원의 12세손이자 의병장 김상종의 동생인 소운小雲 김회종金會鍾(1852-1916)은 병신의병이 일어난 지 4년 뒤인 1900년 폐허가 된 사촌마을의 황량함을 이렇게 읊었다.

사진화沙眞火

참혹하게 사촌마을에 불을 지르니, 慘酷沙眞火,
어찌 이리도 악독한 짓인가. 胡寧此不良.
이곳은 다섯 성씨 모여 사는 마을로, 惟茲五姓邨,
시와 예로 천년을 이어 온 고장이네. 詩禮千年庄.
봄 제비는 숲속 나무에 둥지를 트고, 春燕巢林木,
젖먹이 노루 무너진 담장 아래 잠을 자네. 乳麕眠破墻.

『소운유고小雲遺稿』

최근 사촌마을은 다행히 2002년부터 시작된 유교문화권관광사업과 지역 유림의 지속적인 노력으로 조금씩 옛 모습을 되찾아가고 있다. 물론 예전의 모습을 온전히 회복할 수는 없다 하더라도 지난날 선조들의 정신만은 보존하여 다음 세대에 물려주고자 노력하고 있다.

사촌마을에 터 잡은
안동김씨

2 안동김씨 도평의공파의 입향과 선대

안동김씨 도평의공파가 사촌마을에 정착한 것은 김자첨金子瞻(1369-1454)에 의해서이다. 그는 김방경의 5세손이자 김구정의 아들이다. 배위는 시진송씨市津宋氏로, 그 사이에 2남 4녀를 두었다.

김자첨은 24세 때인 1392년에 사촌마을로 옮겨 왔다. 이는 아버지 김구정金九鼎(?-1389)의 뜻에 따른 결정이었다고 한다. 김구정은 안동김씨 5세이자 도평의공파의 분파조이다. 초휘初諱가 충忠이며, 아버지는 김면이고 어머니는 인비仁庇를 지낸 박씨朴氏의 따님이다. 배위는 전서典書를 지낸 장성미蔣成美의 따님인 아산장씨牙山蔣氏이며, 그 사이에 외아들 자첨을 낳았다.

김구정에 대해서는 정보가 많지 않다. 생년부터 정확하지 않다. 다만 고려 말에 도평의都評議의 지인知印을 지냈으며, 말년에는 세거지인 안동 회곡에서 자연과 더불어 자족적인 삶을 살았다고 한다. 그러나 현실은 고려 멸망과 조선 개국이라는 정치적 변화가 연이어 이어지는 혼란한 상황이었다. 그는 이러한 암울한 현실에서 후손들이 오랫동안 편히 뿌리내릴 수 있는 새로운 세거지를 물색하고자 했다. 무엇보다 난세에는 너무 넓지도, 너무 깊지도 않은 곳이라야 목숨을 보존할 수 있다는 판단에서였다.

그런 아버지의 유언 때문이었을까. 김자첨은 30대에 고려 명신의 후손에 대한 예의로 함길도 감목관監牧官을 제수받았으나 나아가지 않았다. 그 대신 가족을 사촌마을로 옮긴 뒤 이 마을을 조성하는 데 심려를 기울였다. 특히 풍수상 마을 서쪽에 허한 기를 보호하고 건마산 쪽 절벽을 시각적으로 가리기 위해 가로숲을 조성했다.

원래 안동을 본관으로 하는 김씨는 선안동김씨와 후안동김씨로 나뉜다. 그중 선안동김씨는 신라 김알지로부터 경순왕의 후손인 김은열金殷說의 둘째 아들 김숙승金叔承을 시조로 하고 고려 충렬공 김방경을 중시조로 한다. 선안동김씨는 김숙승에 이어 김일긍金日兢, 김이청金利請, 김의화金義和, 김민성金敏成(?-1250), 김효공金孝恭(?-1256)과 김효인金孝印(?-1253), 김방경으로 이어지며, 사촌마을의 입향조인 김자첨도 여기에 해당한다.

김방경金方慶(1212-1300)은 김숙승의 6세손으로 고려의 대표적인 상신이었다. 자가 본연本然이고, 시호는 충렬忠烈이다. 안동 풍

김방경 영정

산 회곡리에서 태어났다. 조부는 한림직사를 지낸 김민성이다. 아버지는 병부상서와 한림학사를 지낸 김효인이고, 어머니는 원흥진부사낭장을 지낸 송기宋耆의 따님인 김녕송씨金寧宋氏이다. 그 사이에 3남 2녀를 두었다.

그는 1229년 음서로 산원겸식목녹사에 임명되어 관직에 나아가 감찰어사를 거쳐 1248년에는 서북면병마판관에, 1263년에는 지어사대사에 오른다. 1270년에는 개경환도로 인해 삼별초의 반란이 일어나자 이를 토벌할 임무를 맡았고, 1274년과 1281년에

음수재

는 여몽연합군麗蒙聯合軍의 고려국 총사령관으로 일본정벌에 참가하여 분전했다. 급기야 1283년에 상락군上洛君 개국공開國公에 봉해졌으며, 1300년에 89세의 나이로 생을 마감하자 정1품 벼슬에 추증되었다.

이러한 김방경을 『고려사절요高麗史節要』에서는 다음과 같이 평했다.

> 성품이 충직하고 믿음이 두터우며 엄격하고 굳세며 말이 적었다. 너그러운 마음과 깊은 생각을 갖고 작은 일에 구애되지 않았다. 전례와 고사를 많이 알아 일을 결단하는 데에 어긋남이 없었고, 몸을 단속하는 데에도 부지런하고 검소했으며 옛 친구를 저버리지 않았다.

당대 문인이었던 동암東庵 이진李瑱(1244-1321) 또한 「묘지명墓誌銘」에서 그의 천품을 이와 비슷하게 언급했다. 여기에 덧붙여 극찬하기를, "천하에 존중받는 세 가지에는 덕德, 나이[壽], 벼슬[爵]이 있다. 그 가운데 하나 또는 둘을 얻기도 힘든데 하물며 셋을 다 얻을 수 있겠는가. 그 세 가지를 모두 얻은 분은 오직 우리 상락공뿐이다."라고 하며 다음과 같이 끝맺었다.

> 큰 집이 사람을 감싸 주듯이 기둥이 되고 받침돌이 되니,
> 추위와 더위가 해치지 못하고 비바람도 닥쳐오지 못하네.
> 여기에서 만 년을 살아도 썩지 않으리니,
> 높고 높은 우리 공이여, 주周의 단旦과 석奭 같네.
> 임금을 도운 공로와 난을 평정한 방책으로,
> 오늘에 이르기까지 삼한三韓의 백성들이 그 혜택을 누리네.
> 나라의 원로는 가셨지만 하늘과 땅은 끊임없이 이어지니,
> 가는 길은 알지 못해도 오늘과 옛날이 감응하여 생각하게 하네.
> 고향의 아름다운 언덕에는 소나무와 잣나무가 가득하고,
> 조상의 영험이 있어 점을 쳐서 무덤을 정하였네.
> 유언도 분명하니 어찌 다른 곳을 택하겠는가,
> 공만 홀로 편안한 것이 아니라 자손들도 더욱 이롭게 하네.

김방경의 선배위는 박익정朴益旌의 따님인 죽주박씨竹州朴氏이고, 후배위는 가석윤加錫胤의 따님인 경주가씨慶州加氏이다. 이들 사이에 5남 4녀를 두었다.

2세인 김선金愃(?-?)은 김방경의 장남으로 고려 공신이다. 벼슬

도평의공파종택

도평의공고려 현판

이 상장군에 이르렀고 수안군遂安郡에 봉해졌다. 생몰연대를 정확히 알 수 없다. 족보에 의하면 순창군부인 순창설씨淳昌薛氏를 아내로 맞아 4남 2녀를 두었다.

한편 3세인 김승택(?~1358)은 김선의 셋째 아들이다. 그는 고려 공신이다. 호가 대암大菴이고 시호는 양간良簡이다. 1342년 조적曺頔의 난 때 왕을 호종한 공으로 이등공신에 봉해졌고, 1352년에 이제현李齊賢, 한종유韓宗愈 등과 함께 서연관書筵官이 되었다. 그해 10월에는 찬성사贊成事가 되었으며 중서평장사中書平章事로 벼슬에서 물러났다고 한다. 배위는 낙랑군부인 경주김씨慶州金氏이며 그 사이에 2남 3녀를 두었다.

4세인 김면金冕(?~?)은 김승택의 둘째 아들이다. 그는 자가 사고師古이다. 조카인 김구용의 『척약재집惕若齋集』에 나오는 시문에 강릉의 안렴사按廉使를 지냈다는 언급이 있다. 그 외에는 관련된 기록이 없다. 배위는 인비仁庇를 지낸 박순朴淳의 따님인 음성박씨陰城朴氏이다. 그 사이에 1남 1녀를 두었는데, 그 아들이 바로 김구정이다.

3 안동김씨 도평의공파의 인물들

도평의공파는 5세인 김구정으로부터 시작된다. 김구정은 6세 독자 자첨을 낳았는데, 그가 바로 앞서 언급했던 사촌마을의 입향조이다. 그 이후 7세인 효온·효항 두 아들 가운데 효온은 극해를, 효항은 영진을 두었다. 8세인 극해에게서 광수·광복 형제로 이어지고, 다시 광수는 당으로, 광복은 언걸로 그 대를 이었다. 당의 아들이자 11세인 세우는 사원·사형·사정 세 아들을 두었는데, 이들에 의해 본격적으로 사촌마을에 후손들이 뿌리내리게 되었다. 이들 중 중요한 인물에 대해 간략한 설명을 하면 다음과 같다.

1) 9세 김광수金光粹(1468-1563)

김광수는, 자가 국화國華이고, 호는 송은松隱이다. 아버지는 지례현감을 지낸 8세 김극해이고, 어머니는 사용을 지낸 강재姜載의 따님인 연안강씨延安姜氏이다. 선배위는 만호를 지낸 남치南峙의 따님인 영양남씨英陽南氏로, 그 사이에 아들 김당金塘과 딸 하나를 낳았다. 후배위는 장홍張弘의 후예로 첨정僉正을 지낸 장일신張日新의 따님인 순천장씨順天張氏인데, 그 사이에 딸 다섯을 낳았다.

그는 천성이 온화하고 용모가 단정하며 어릴 때부터 시에 능했다. 1501년 사마시에 합격하여 성균관에 나아가 학문을 익혔다. 당시 함께 수학했던 인물로는 금원정琴元貞, 이수정李守貞, 김안국金安國 등이 있었다. 그러나 그 기간이 오래가지 못했다.

잘 알려져 있다시피 이때는 사화가 연이어 일어나던 시기였다. 1498년에 김종직金宗直의 사초「조의제문弔義帝文」이 빌미가 되어 일어난 무오사화戊午士禍에 이어 1504년에는 연산군의 모친인 폐비 윤씨의 죽음에 연루된 이들을 죽음으로 내몰았던 갑자사화甲子士禍가 일어났다.

김광수는 이러한 연산군의 폭정이 심상치 않음을 예견하여 벼슬에 뜻을 접고 고향으로 돌아왔고, 천만다행으로 죽음을 모면할 수 있게 되었다. 그런데 이런 일이 그때가 처음은 아니었다.

그가 어렸을 때 늦은 밤에 잠을 자고 있었는데, 때마침 먹이를 좇던 커다란 뱀이 천정에서 떨어졌다. 공교롭게도 그의 배 위였다. 순간 그는 소스라치게 놀랐지만 침착하게 저고리 옷고름

도평의공파계도

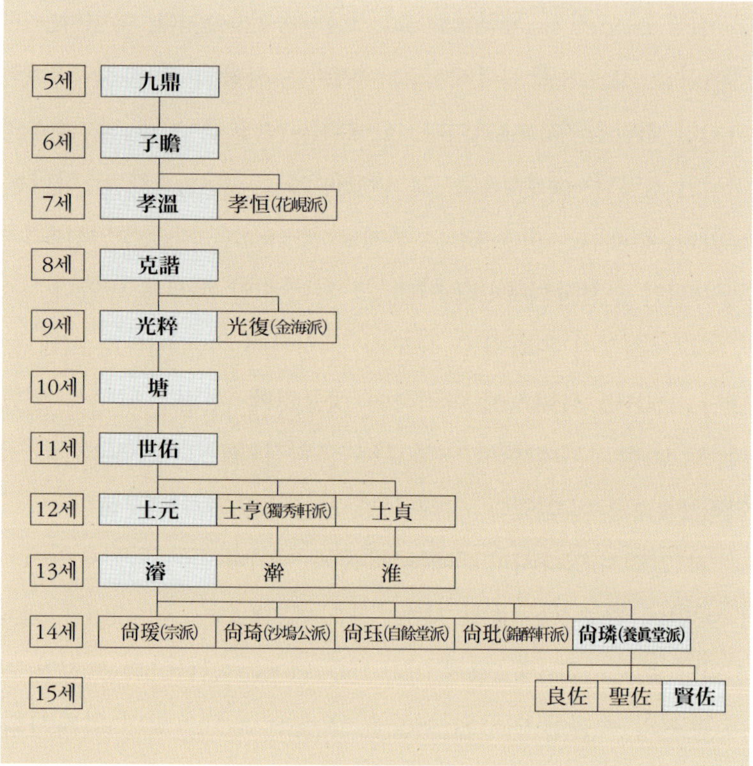

을 풀어 뱀이 스스로 빠져나가게 했다. 다음은 청년 시절, 지례현감으로 있던 아버지를 보러 가던 길에 산적을 만나 목숨이 위태로운 상황이었다. 문득 두목이 너희 같은 선비들이 오히려 나쁜 짓을 많이 하다 보니 세상이 더욱 살기 어렵게 되었다고 하며 호통을 치자 그는 침착하게 대응했다. 세상을 경영하기는 어려우나

자신은 지금 공부하는 중이니, 모든 사람이 편안하게 살 수 있는 세상을 만들기 위해 기회를 달라고 말이다. 그러자 두목은 그가 귀한 인물임을 알아보고 자신의 잘못을 뉘우치며 풀어 주었다고 한다.

보통 사람에게는 한 번도 일어나지 않을 이러한 행운이, 그에게는 세 번이나 주어졌으니 참으로 기이한 일이다.

그래서일까. 김광수는 세상에 대한 더 이상의 미련을 버리고 북촌에 머물면서 학문에만 정진했다. 비록 집안이 가난하여 의식조차 제대로 잇기 힘들었으나 이를 편안히 여기며 효성과 우애에도 지극했다. 가령 지례공知禮公이 일찍 돌아가시자 수십 년 동안 어머니를 모시면서 안색을 살피고 뜻을 받드는 일을 마다하지 않았고, 안동에 살던 아우가 오기로 한 날이면 매번 문에 기대어 기다리다 반드시 같이 밥을 먹곤 했다고 한다.

그가 40대에 지은 것으로 알려진, 후손에게 전한 마음을 경계하는 글인 「경심잠警心箴 십조목十條目」은 이러한 삶의 경험에서 비롯된 깨달음을 바탕으로 쓴 것이 아닐까 싶다.

1. 사친事親: 어버이를 봉양하다
2. 보군輔君: 임금을 보필하다
3. 제묘祭廟: 제사를 받들다
4. 정가正家: 집안을 바르게 하다
5. 우애友愛: 우애 있게 지내다
6. 근형謹刑: 형벌을 삼가다

7. 폐참廢讒: 험한 말을 하지 않다

8. 신색愼色: 여색을 삼가다

9. 결우結友: 친구를 신중히 사귀다

10. 안빈安貧: 가난하면서 분수를 지키다

그 아버지에 그 딸이라고 했나. 이러한 아버지의 가르침에 넷째 따님이자 이황의 고제인 서애西厓 류성룡柳成龍(1542–1607)의 모친인 김씨 부인 또한 강직함에서는 다르지 않았던 모양이다. 이 부인에 얽힌 이야기도 여럿 전한다.

가령 사촌마을에 우물이 있었는데, 그 우물을 팠을 때 붉은 황토물이 나왔다. 그 물을 마시면 큰 인물을 낳는다는 말에 김씨 부인은 주저하지 않고 마셨다고 한다. 또한 마을이 명당에 위치해 삼정승이 난다는 전설에 출산을 앞두고 그 기운을 받기 위해 왔던 모양이다. 부친이 이를 외손에 줄 수 없다며 내치는 바람에 돌아가다 가로숲에서 아기를 낳았다는 이야기도 전한다. 그러나 종손의 말에 따르면, 이는 큰 인물의 탄생에 얽힌 전설일 뿐이며, 실제로는 종가의 안방에서 아기를 낳았다고 한다.

한편 김광수는 이렇게 고향에서 유유자적한 삶을 보내는 것에 만족했다. 마침 주변에 왜송矮松(萬年松)이 있었는데, 그 푸르고 울창한 멋을 사랑해 자신을 송은처사松隱處士라 자처하기도 했다. 또한 앞산 미천변에 영귀정詠歸亭을 마련하여 학문에 전념하면서 후학을 양성하는가 하면, 때때로 자연을 벗삼아 시를 읊기도 했다. '영귀'란 이름은 『논어論語』에 나오는 "기수에서 목욕하며

영귀정

무우에서 바람 쐬고 시를 읊으며 돌아온다[浴乎沂, 風乎舞雩, 詠而歸]." 라는 글에서 취했다. 그렇게 그는 평생 옛 성현의 아름다운 말과 선행만을 흠모했다.

눌은訥隱 이광정李光庭(1674-1756)은 이런 그를 중국의 도연명陶淵明과 고려의 길재吉再에 비유했고, 외손인 류성룡은 '독행군자篤行君子'라고 칭송했다.

> 평생 입으로 재산을 경영하는 데 대한 말을 하지 않았고, 오직 옛사람의 아름다운 말과 선행을 노래로써 읊고 칭송했다. 그러므로 비복들도 익히 듣고 전하기까지 했다. 아! 공은 독행군자篤行君子라 할 만하다. 비록 옛날의 곤궁하면서도 고상한 뜻을 기른 선비라 하더라도 어찌 이보다 더하겠는가?
>
> 『서애선생문집西厓先生文集』 권19, 「외조진사김부군갈명外祖進士金府君碣銘」

그러나 김광수는 1514년, 그의 나이 47세 때에 하나뿐인 아들의 죽음을 맞게 된다. 설상가상으로 출산을 위해 친정에 가 있던 며느리가 이 소식을 듣고 충격에 그만 쓰러지고 만다. 다행히 뱃속의 아이는 세상에 태어났지만 산모의 목숨은 보전하지 못했다. 그는 갖은 노력으로 부모를 잃은 손자를 키워 냈다. 그 손자가 바로 김세우金世佑(1514-1580)이다.

이때부터 그는 자신이 즐겨 쉬던 왜송의 이름을 만년송萬年松으로 달리 불렀다. 문중을 이을 유일한 혈육과 그 자손들이 이 나무와 함께 오랫동안 청청하게 살아가기를 바라는 마음에서였다. 그때 지은 시 「만년송정운萬年松亭韻」의 일부를 소개하면 다음과 같다.

이끼 낀 오솔길이 홍진에 막히니,	青苔一逕隔紅塵,
그윽한 흥을 찾아 날로 새롭네.	幽興相尋日轉新.
후미져 외진 곳 차마 어이 오랴마는,	車馬縱然嫌地僻,
집이 가난하다 앵화櫻花야 싫어하랴.	櫻花曾不厭家貧.
산을 보고 앉았으니 어깨는 서늘하고,	看山坐處凉生腋,
베개 돋워 잠이 드니 푸른빛이 낯을 덮네.	高枕眠時翠滴巾.
만년송 그늘 아래 한가로운 이 몸이라,	自喜萬年松影裏,
아름다운 사시풍경 나 홀로 기뻐하리.	四時風景屬閑人.

그런 간절한 바람이 이루어져 김세우는 이후 삼형제를 낳았는데, 만취당 김사원·독수헌獨秀軒 김사형金士亨(1541-?)·후송재 김사정이 그들이다. 15세손인 김양좌金良佐은 「송은부군만년송운

만년송

松隱府君萬年松韻」이란 제목으로 이 만년송에 얽힌 바람이 이루어졌음을 이렇게 읊었다.

소나무 그림자 일찍이 조상 자취 더하고, 松影會經杖屨鹿,
푸른 수염과 붉은 껍질은 오래될수록 새롭네. 蒼髯赤甲古猶新.
가지에 걸린 바람과 달빛은 시상을 더하고, 枝籠風月詩仍富,
줄기는 향기를 풍겨 흥취가 적지 않네. 幹帶芳香興不貧.
늠름한 자태 대하니 그리운 마음 생기고, 長對虯姿存感慕,
읊은 시마다 상자에 가득 쌓이네. 每吟遺什閱箱巾.
그대 심어진 날 묻지 않아도, 憑君莫問栽培日,
이미 손자로 이어져 육세나 된다네. 已是孫今六世人.

영귀정

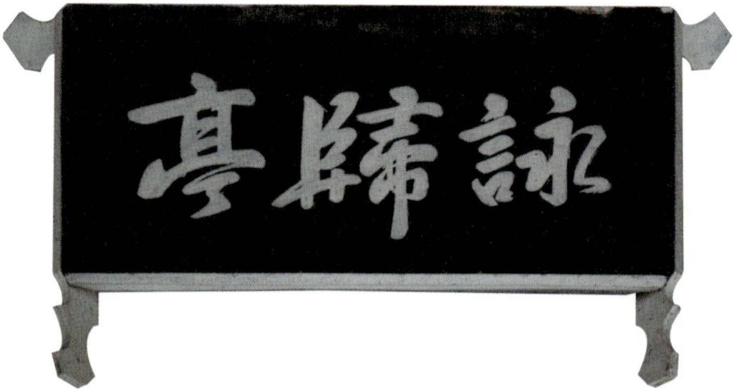

영귀정 현판

취정재 현판

학치재 현판

1563년 김광수는 죽음을 예감한 듯 목욕을 하고 궤几에 기대어 손가락을 꼽으며 "족足하다."라고 말한 뒤 숨을 거두었는데, 피부가 살았을 때와 같았다고 한다. 이후 1685년에 사림에 의해 장대서원藏待書院에 배향되었다. 한편 그가 말년을 보냈던 영귀정은 정면 3칸, 측면 2칸 반의 팔작지붕에 툇마루를 설치한 정자로, 동서재에 '학치學致'와 '취정就正'이라는 편액이 걸려 있다. 지금의 정자는 1808년에 후손 함인제含忍濟 김종록金宗祿 등에 의해 중수 및 복원되었고, 1997년에 의성군에서 재차 중수한 것이다. 현재 『송은선생문집松隱先生文集』 3권 1책이 남아 있다. 이는 1740년 장대서원에서 간행되었고, 1926년에 중간되었다.

2) 12세 김사원金士元(1539–1601)

김사원은, 자가 경인景仁이고, 호는 만취당晩翠堂이다. 김광수의 증손으로, 아버지는 통례원 인의를 지낸 김세우金世佑이고, 어머니는 김만겸金萬謙의 따님인 의성김씨義城金氏이다. 선배위는 전적을 지낸 남송南松의 따님인 영양남씨英陽南氏로, 그 사이에 1남인 김준金濬과 4녀를 두었고, 후배위는 안동권씨安東權氏로, 그 사이에 1녀를 두었다.

그는 타고난 성품이 인자하였고 가난한 이들을 외면하지 않는 따뜻한 마음을 지녔다. 하루는 얼어 죽은 사람을 보고 측은한 마음에 옷을 벗어 덮어 두었다가 집안 어른에게 고하여 묻어 주게 했을 정도였다. 그러니 부모와 친척들에게도 곡진한 예의로 대했음은 물론이다.

한편 김사원은 어릴 때부터 증조부 김광수에게서 배웠다. 1560년 류운룡柳雲龍과 함께 퇴계退溪 이황李滉의 문하에 나아갔는데, 이때 이황은 주희朱熹의 시 「무이관선재武夷觀善齋」를 써 주며 "그대는 나의 이 뜻을 알겠는가?"라고 하였다고 한다.

무이관선재武夷觀善齋

책상을 짊어지고 어디서 왔는지, 負笈何方來,
오늘 아침 이 자리에 함께 앉았네. 今朝此同席.
날마다 힘써 남김없이 하여, 日用無餘事,
서로 살피며 함께 노력하네. 相看俱努力.

이후 그는 과거지학科擧之學을 접고 위기지학爲己之學에 뜻을 두어 학문에 전념했다. 스승의 가르침에 따라 독서와 문답을 통해 심법心法을 체득하고 음양오행의 근원이나 사람의 타고난 심성 등에 심취했다고 한다. 금난수琴蘭秀·이덕홍李德弘·조진趙振 등 동학과 교유하며, 스승을 모시고 청량산의 연대사·만월암·월란암 등에 머물면서 강학에 힘쓰기도 했다.

하루는 산사에 있으면서 부실한 식사에도 불구하고 학문에 깊이 빠진 나머지 병을 앓은 적이 있었다. 이황이 직접 증상을 살피고 처방을 내리며 "공은 기가 몹시 부실하여 추위나 더위로 인한 환우를 벗어나기 어렵다. 고인들도 학문하는 것을 고생스러운 일이라고 말하기는 했지만, 어찌 병이 들어 부모를 근심시키는 데까지 이르렀는가."라고 하며 안타까워했다고 한다.

1570년 김사원은 스승 이황의 죽음을 목도하게 된다. 이를 슬퍼한 나머지 3년 동안 잔치 자리에 참석하지 않았을 정도였다. 이후 집안 형편이 어려움에도 벼슬에 뜻을 두지 않은 채 그는 "선비가 세상에 살면서 의롭지 않은 일로 봉록을 구해서는 안 되고 오직 본분에 힘쓰면서 허물이 없기를 바라야 한다. 하물며 언행을 신중히 하고 독서를 부지런히 하며 농상農桑에 힘쓰는 것, 이 세 가지는 우리 스승의 가르침이니 감히 힘쓰지 않을 수 있겠는가?"라고 하며 평생 분수를 지키면서 허물없는 삶을 살았다.

또한 형제간의 우애를 돈독히 하면서도 이웃의 어려운 이들을 돕기를 소홀히 하지 않았다. 가령 '김씨의창金氏義倉'이라는 사창을 열어 쓰고 남은 것을 보관한 뒤 흉년이 들면 어려운 이웃들에게 빌려주곤 했다. 더불어 여씨향약을 마을의 동규로 삼아 시행함으로써 지역 사회의 질서를 안정화하는 데에도 공헌했다.

한편 김사원은 1576년에 종택 60여 칸을, 1584년에는 만취당을 건립했다. 특히 만취당은 송은공이 심은 향나무, 즉 만년송萬年松 아래에 지은 것이다. 이곳은 변함없는 절조인 '세한歲寒'의 뜻을 실어 학문을 닦고 후학을 양성하기 위한 공간이었다. 이후 1727년, 1764년 증축에 이어 1789년에 중수가 이루어졌다. 이때 중수기는 김종덕이 썼다.

내용인즉, 이곳이 사촌 안동김씨 문중의 강학과 집회 장소로 활용되었을 뿐만 아니라 이상정의 강론이 수차례 이루어졌고 류성룡·장현광·신열도·유원지 등 여러 학자들이 방문하여 시를 읊었을 정도로 의미 있는 공간이었음을 기록했다.

또한 그는 1592년 임진왜란 때 의병을 규합하였고, 의성 정제장整齊將에 추대되자 군량미 조달에 공을 세워 이후 절충장군 행용양위부호군에 봉해졌다. 1601년 집에서 운명하였고, 1759년

만취당

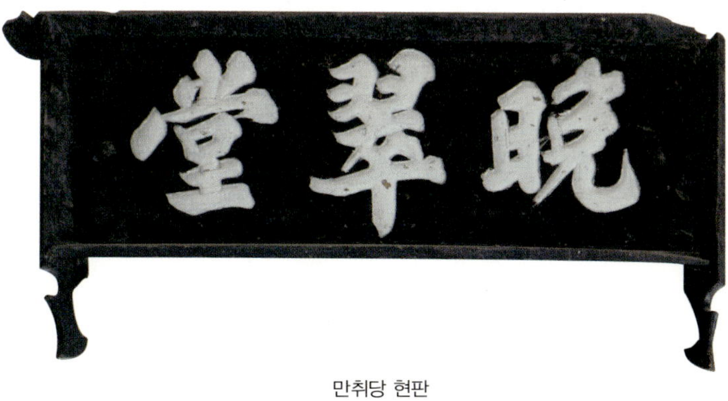

만취당 현판

만취당의 복재 현판

사림의 뜻에 따라 후산정사後山精舍에 배향되었다.

이상정은 「행장行狀」에서 그의 삶을 이렇게 정리했다.

공은 타고난 자질이 아름답고 매우 후덕했다. 어려서부터 사람과 사물을 사랑하는 뜻을 지녔고, 성장해서는 학문의 힘을 빌려 이러한 자질을 완성했다. 그렇기에 존심과 덕행이 모두 천리와 인륜을 근본으로 삼았으며 억지로 노력하여 성과를 이루고자 하는 사사로움에서 나오지 않았다. 가슴에 품은 덕량을 펼치지 못하고 초야에 묻히고 만 것이 애석할 따름이다. 공은 심오한 뜻을 펼치지는 못했으나 굶주리고 궁핍한 자들을 구휼하여 타인에게 사랑을 베풀며, 향약을 조직하고 규약을 마련하여 교화가 다른 이

관선문 ▲

후산정사 ▼

후산정사 현판

에게 미쳤다. 이러한 마음을 근본으로 삼았으니 공효가 얼마나 드러났는가는 단지 만난 때가 어떤가에 달려 있을 뿐이다. 본분에 무슨 손상이 있겠는가.

『대산선생문집大山先生文集』 권49, 「만취당김공행장晩翠堂金公行狀」

김사원의 저술은 『대학질의大學質疑』와 『어록해語錄解』 등이 있었다고 하나 유실되었고, 현재는 『만취당실기晩翠堂實記』 2권 1책이 전한다. 이 책은 6세손 김종덕이 필사한 초고가 전해 오다 1910년에 11세손 김회종金會鍾이 목판본으로, 1988년에는 11세손 김면호金冕鎬가 필사로 다시 간행했다.

3) 12세 김사정金士貞(1552-1620)

김사정은, 자가 정숙正叔이고, 호는 후송재後松齋이다. 김사원의 동생이다. 배위는 조희로趙希老의 따님인 한양조씨漢陽趙氏이다.

그는 어릴 때 형과 함께 송은공에게서 배워 제자백가서諸子百

家書를 두루 섭렵했다. 이황의 문하에 나아가지 못한 아쉬움에 도산서원의 상덕사에 알묘하고 사숙했다. 이준李埈, 신지제申之悌, 이윤우李潤雨 등과 교유하며 성리학에 몰두했다. 특히 예학에 관심이 많아 이황의 글에서 예와 관련된 내용을 모아 『계문예설溪門禮說』 4권 2책을 편찬하기도 했다.

김사정은 41세 때 임진왜란에 창의하고 연이은 정유재란 때에도 곽재우가 이끄는 망우당의진忘憂堂義陣에 참여하여 화왕산에서 전공을 세웠다. 만년에는 형을 따라 송은공의 호를 취한 만년송 부근에 집을 지어 '후송'이라 하고 학문에 전념하며 후학을 양성했다. 더불어 근부부謹夫婦, 친부자親父子, 화형제和兄弟, 서장유序長幼, 봉제사奉祭祀, 목족린睦族隣, 어동복御僮僕, 교붕우交朋友 등 인륜 간에 지켜야 할 기본 덕목을 8가지로 정리한 「가계家戒」를 행동의 지침으로 삼았다. 뿐만 아니라 『대학大學』에 근거하여 성인지학聖人之學의 핵심은 '경敬'에 있음을 강조하기도 했다. 그는 1620년 69세의 나이로 세상을 떠났다.

병산屛山 한치응韓致應(1760~1801)은 「묘갈명」에서 그가 이황을 사숙하여 의로움을 이루었으나 남은 기록이 충분하지 못함을 안타까워했다.

> 상덕사를 흠모하여 사숙하였고 의로운 선비의 뜻 재가 되지 않았네.
> 선한 일이 있어도 기록이 없어 전하지 않으니 명의 자료가 충분치 않네.
> 이것으로 먼 자손에게 불후의 자료로 삼고자 하네.
>
> 『후송재문집後松齋文集』 권2, 「후송재김공묘갈명後松齋金公墓碣銘」

후송재

후송재 현판

임란호국영남충의단

김사정은 1832년에 사림의 의견에 따라 점곡면 송사리에 있는 도담사道潭祠의 사당인 영모사永慕祠에 배향되었고, 1859년에 통훈대부 사헌부지평에 추증되었다. 1998년에는 대구 동구에 위치한 망우공원의 임란호국영남충의단에 봉안되기도 했다. 그의 저술로는 『후송재문집後松齋文集』 2권 1책이 전한다. 이 책은 1882년에 후손 김기선金驥善 등이 목판본으로 간행한 것이다.

4) 13세 김회金淮(1578–1641)

김회는, 자가 거원巨源·여수汝收이고 호는 경암敬庵이다. 김광수의 현손으로, 아버지는 김사정이고 어머니는 생원 조희로趙希老의 따님인 한양조씨漢陽趙氏이다.

그는 5세 때부터 독서를 하여 10세 때에 사자서四子書를, 14세 때 향교에 나아가 경서를 배웠다고 한다. 임진왜란 때는 15세의 어린 나이에도 불구하고 아버지를 따라 김성일의 진중에 의병으로 참여하기도 했다. 1602년 향시에, 이듬해 생원시에 합격한 데 이어 1606년에 성균관에서 수학했는데, 당시 이명한李明漢·조경趙絅 등과 교유하기도 했다. 1612년에 명경과에 급제하여 벼슬길에 나아갔다. 권지정자를 시작으로 성균관학유, 양현고봉사, 성균관박사 등을 역임했으나 광해군 당시의 어수선한 정치 상황을 피해 고향으로 돌아왔다. 그러나 그것도 잠시 1618년에 동지사 겸 서장관으로 명나라 연경에 다녀오게 되었고, 그 뒤에도 여러 관직을 제수받았으나 이것을 끝으로 더 이상 벼슬길에 나아가지 않았다.

김회는 고향에 돌아와 정암서당鼎巖書堂을 짓고 학문 탐구와 강학에 몰두했는데, 특히 예학에 깊은 관심을 보였다. 당시 교유했던 인물로는 이윤우, 신지제, 신열도申悅道, 김치관金致寬 등이 있었다. 1627년 군위에 있는 남계서원南溪書院의 원장에 추대되었으며, 1632년 이후에는 의인정義仁亭에서 여생을 보내다 64세의

경암서당

경암서당 현판

나이로 세상을 떠났다.

해좌海左 정범조丁範祖(1723–1801)는 이런 그를 수기치인修己治人에 철저했던 인물로 그리고 있다. 묘갈명 일부를 소개하면 다음과 같다.

> 내 스스로 수양하여 등용되었으나 물러나니 항상 만족했네.
> 고향에 돌아와 내 지조 지키며 그 도를 펼쳐 나갔네.
> 세상에 남긴 거룩한 훈계 진실한 뜻이 글에 있네.
> 모두들 함축해 있으니 그 몸 항상 윤택하네.
> 밖에서 얻고 잃음이 이르러도 어찌 슬퍼하고 기뻐하리.
> 공을 자세히 알고자 한다면 이 비석의 글을 살펴보시게.
>
> 『해좌선생문집海左先生文集』 권28, 「정랑김공묘갈명正郎金公墓碣銘」

김회의 저술은 현재 후손 김호우金浩宇와 김호창金浩昌이 1932년에 간행한 『경암선생실기敬菴先生實記』 3권 1책이 전한다. 여기에는 그가 겪었던 전란의 상황과 참혹한 백성들의 모습이 여러 시로 형상화되어 있다. 또한 동지사로 명나라에 간 1618년 8월에서 1619년 2월까지 151일간의 일기인 「조천일록朝天日錄」이 있는데, 그 기간에 만났던 인물을 비롯해 중요한 업무와 대화 내용들이 상세히 기록되어 있다. 2013년에 정암서당을 경암서당으로 개명하여 중건했다.

5) 14세 김상원金尙瑗(1598-1687)

김상원은, 자가 백옥白玉이고 호는 남애南厓이다. 김사원의 손자로, 아버지는 직장을 지낸 김준金濬이며, 어머니는 부장을 지낸 권돈權暾의 따님인 안동권씨安東權氏이다.

그는 어려서부터 자신을 다스리는 데 엄격했고 효성이 지극했다. 일찍 아버지를 여읜 후 홀어머니를 모시는 데에 소홀함이 없었으며 7남매간에도 우애가 깊었다. 처음에는 이덕홍李德弘의 아들인 선오당善迂堂 이시李蒔(1569-1636)에게서, 자라서는 류성룡의 아들인 수암修巖 류진柳袗(1582-1635)에게서 경전을 배웠다. 이후에는 한강寒岡 정구鄭逑와 여헌旅軒 장현광張顯光의 문하에도 나아가 배움을 청했다. 이때 김응조·김치관·이유장과 교유했는데, 특히 김치관과 함께 『주역周易』에 심취했다고 한다. 1636년에는 향시에 합격했으나 병자호란의 치욕을 듣고 예시에 나아가지 않았다. 이후 벼슬에 뜻을 버린 뒤 '대명숭정大明崇禎'이란 글자를 벽에 걸고 군신의 예를 다하고자 했다.

한편 김상원은 동생 상기尙琦와 함께 조부가 지은 동규를 바탕으로 「사촌리 약중수沙村里約重修」를 만들어 시행하여 향촌의 풍습을 교화하고자 했으며, 후학 양성에도 온 힘을 다했다. 1685년 88세 때 수직壽職, 즉 노인에 대한 배려로 첨지중추부사에 오르고, 이어 용양위 부호군에 봉해졌다.

지촌芝村 김방걸金邦杰(1623-1695)은 그를 '지상의 신선'이라고 칭송했으며, 번암樊巖 채제공蔡濟恭(1720-1799)은 그가 세상에 쓰이지 못하고 죽은 안타까움을 이렇게 표현했다.

> 수신하여 실천하고자 하나 천하 국가의 사람들이 알아주지 않으면,
> 어찌 『춘추春秋』를 읽고 존왕양이尊王攘夷의 대의를 밝히겠는가.
> 하수河水는 맑아지지 않을 뿐이네.
> 뜻 높은 분 모두 사라지니 어찌 한스럽지 않을까,
> 숭정처사의 묘문을 지나는 자 삼가 멈추어야 하리.
>
> 『번암선생문집樊巖先生文集』 권51, 「남애김공묘갈명南厓金公墓碣銘」

김상원의 저술은 병란에 거의 소실되었다. 남은 유고는 후손 김억金檍이 보존해 오다가 2006년에 후손들이 힘을 모아 『남애집南厓集』을 간행했다.

6) 14세 김상각金商珏(1607-1658)

김상각은, 자가 중옥重玉이고 호는 자여당自餘堂이다. 상원의 동생이며, 도평의공파의 지파인 자여당파의 파조이다.

그는 천성이 너그럽고 어릴 때부터 효성과 우애가 지극했다. 아버지를 여읜 뒤 형제들과 함께 삼년상을 지냈다. 학문에도 뜻을 두어 동학들과 교유하며 강론했는데, 특히 시문에 능했다. 병란에 자료들이 소실되어 그 외의 기록은 찾을 수 없다. 다만 남은 것은 이계伊溪 남몽뢰南夢賚(1620-1681)의 「만사輓詞」와 우강雨岡 김호직金浩直(1874-1953)의 「묘갈명」이 전부이다. 그중 묘갈명 일부를 소개한다.

자여당

자여당 현판

잣나무 휘어잡고 슬프게도 울부짖으니,
어찌 평생토록 사모함이 아니었는가.
휘장을 사이에 두고 담소하여도,
이것이 사람의 마음이니 우애는 곧 인의 근본이 되네.
세 귀를 미루어 반성하면 반드시 배움이 있다 말하니,
백세 후에 만년송 아래 옛터라네.
도서가 가득하여 즐거이 유여하고,
자여自餘로 편액을 하니 가렸다고 말하지 않네.
옛 기록이 이에 빛나네.
깎아지른 듯 저 마산에 내외분 함께 모셨네.
이 비석 닳아지지 않는다면 깊은 경지 알 수 있으니,
굳이 아름답게 말해야 하나.
나무꾼 목동들 경계할 따름이네.

『우강문집雨岡文集』 권6, 「십대조자여당부군묘갈명十代祖自餘堂府君墓碣銘」

김호직은 김상각이 송은공의 후손으로 만년송 아래에 터를 잡아 마음의 성찰을 근본으로 하는 배움에 뜻을 둔 것을 특기하고, 그를 사모하는 마음을 덧붙였다. 1978년에 후손들이 자여당을 건립하여 그를 기리고 있다.

7) 14세 김상린金尙璘(1616-1675)

김상린은, 자가 계옥季玉이고 호는 양진당養眞堂이다. 김상원의 동생이자 도평의공파의 지파인 양진당파의 파조이다.

그는 어릴 때부터 형 상원에게 학문을 배워 가학을 전승했다.

양진당

양진당 현판

1673년 현령의 천거로 서령署令에 임명되었으나 사양하고 나아가지 않았다. 그의 세 아들인 양좌良佐·성좌聖佐·현좌賢佐 중 양좌와 성좌가 소과, 대과에 각각 합격하여 향인들의 존경을 받았다. 만년에는 양진당을 짓고 후학 양성에 힘썼다. 사후에 통훈대부 사복시정에 추증되었으며, 모계某溪 김홍락金鴻洛(1868-1933)은 「묘갈명」에 다음과 같이 썼다.

> 아름답다! 선생이여
> 천성이 빼어나고 인품도 뛰어났네.
> 마음은 상쾌하고 깨끗하며 뜻은 항상 맑고 높네.
> 산림에서 본성을 길러 마음은 한결같고 참되네.
> 오로지 시와 예를 공부하여 사람의 도리 독실하게 행했네.
> 자질을 감추어 등용되지 못했으니 세상에 그 책임이 있네.
> 이미 북돋우고 복토하였으니 남은 은혜 후손에 흡족하네.
> 선조로부터 광채를 끼쳤으니 어찌 후손에게 증표가 없겠는가.
> 지금에 그 자취 나타나니 감히 부끄러운 말 없을 것이네.

김홍락은 김상린이 심성을 함양하고 학문에 힘써 그 이름이 세상에 알려졌음에도 등용되지 못한 안타까움을 토로했다. 그러나 후손에게 모범이 될 부끄럽지 않은 삶을 살았기에 그 또한 중요한 가르침임을 강조했다.

제2장

천사 김종덕의 삶과 학문

천사 김종덕의
삶과 학문

1 서유자의 삶을 흠모하다

천사川沙 김종덕金宗德(1724~1797)은 자가 도언道彦이며, 김현좌의 증손이자 김이모의 손자이다. 아버지는 김남응이며, 어머니는 김주의金胄疑의 따님인 순천김씨順天金氏이다. 배위는 이시화李時和의 따님인 한산이씨韓山李氏이다. 그 사이에 1남 1녀를 두었는데, 아들 김경진金慶進은 권사겸權思兼의 따님인 안동권씨安東權氏와 혼인했고, 따님은 류동춘柳同春에게 시집갔다.

그는 1724년 7월 28일 의성 점곡 사촌리에서 태어났다. 어릴 때부터 성품이 온순하고 효심과 우애가 매우 깊었다. 그것이 얼마나 대단했던지 이에 관한 일화가 여럿 보인다.

우선 효심에 관한 이야기부터 보자. 까마귀 소리가 불길하다

하여 그 소리가 들리면 혹 부모님께 무슨 일이 생기지나 않을까 걱정했고, 부모님의 방을 청소하고 둘러보는 일을 남에게 시키지 않았다. 어머니께서 생강을 좋아하셔서 종자를 구해 이를 재배하여 일 년 동안 드실 수 있도록 했다. 또한 우애에 대한 이야기를 보면, 매년 가을걷이가 끝나면 동생들을 사촌리에서 10km 거리에 떨어진 고운사로 보내 공부하게 했다. 어느 해에는 동생들에게 이불을 보내면서 그 안에 찹쌀떡을 넣어 혹 배고픔을 달래기를 바랐는데, 이듬해 돌아온 이불 속에는 곰팡이 슨 찹쌀떡이 그대로였다. 형의 뜻을 안 동생들이 겨우내 한 번도 이불을 덮지 않고 밤새워 공부에만 전념했던 것이다.

김종덕은 7세 때 공부를 시작하여 스스로 배우기를 즐겨했으며, 15세 때에는 조부로부터 독서법에 대한 가르침을 받았다. 16세 때에 『퇴계집退溪集』을 얻어 밤낮을 잊을 정도로 심취했고, 이후 『성리대전』·『대학』·『주자서』·『근사록』 등 경서經書와 성리서性理書를 연이어 탐독했다. 29세 때에는 난곡蘭谷 김강한金江漢(1719-1779) 등의 사단칠정론四端七情論에 대해 변론하기도 했다. 이로 보아 집안 어른을 통해 가학을 전승하면서도 자득을 통한 학문적 성취 또한 나날이 깊어지고 있었음을 알 수 있다.

그러면서 과거지학에도 게을리 하지 않았던 듯하다. 그는 29세 때인 1752년에 향해 양시에, 이듬해 생원 회시에 합격했다. 몇 년의 공백 후 36세 때는 별과 향시에도 합격한다. 그 사이 과거지학에 대한 회의로 심적 갈등이 없지 않았다. 여기에는 이상정의 문하에 먼저 나아간 동생 종경을 통해 전해 들은 것과 선생을 직접 모시고 고무동鈷鉧洞을 유람하며 이황에서 이상정으로 이어지는 퇴계학맥의 학문적 전통과 깊이를 체감한 것이 중요하게 작용하였을 것으로 짐작된다.

알다시피 대산大山 이상정李象靖(1710-1781)은 김성일을 계승한 퇴계학맥의 적통이다. 그는 밀암密菴 이재李栽(1657-1730)의 외손으로 14세 때부터 외조부에게 가르침을 받았다. 1735년에 과거에 급제하고 가주서에, 1739년에는 연원찰방에 임명되었으나 이내 사직하고 학문에 힘썼다. 이어 그해 9월에 고향으로 돌아와 대산서당을 짓고 학문 탐구에만 몰두하고자 다짐한다. 그런 모습을 본 사람들은 그를 '소퇴계小退溪'라고 불렀고, 이황 이후 학문의 적전을 얻은 인물로 널리 알려졌다. 1753년에 다시 연일현감·강령현감 등에 임명되어 불안한 민심을 수습하는 데 최선을 다했다. 이후 고향으로 다시 돌아와서는 벼슬이 내려도 나아가지 않고 오직 학문 탐구와 제자 양성에만 전념했다.

그들의 만남은 이 시기에 이루어졌다. 김종덕은 이내 "입신출세를 위한 과거 공부는 사람의 본심을 무너뜨린다."라고 생각해 다시는 과거에 응하지 않기로 마음먹는다. 즉 자신의 학문 목표를 성학聖學, 즉 성인됨을 위한 학문에 두고 심성함양을 중요한 공부처로 삼아 전념하고자 했다.

이러한 다짐은 주위의 권유에도 벼슬길에 나아갈 기회를 사양한 채, 급기야 1759년 이상정의 문하에 나아가기에 이른다. 이듬해에 스승에게 보낸 편지(『川沙先生文集』 권2, 「書, 上大山先生(庚辰)」)에는 관직에 나아가는 꿈을 버리니 근심은 사라지고 기쁨이 가득하여 마음이 후련하다고 했다. 이어 이 길을 택한 것은 개발처開發處를 얻기 위한 것이니 그동안의 시간을 만회하기 위해 어린아이처럼 열심히 배우겠다고 다짐하고 있다.

그래서일까. 그는 문하에 있으면서 오직 학문에만 열중했던 것으로 보인다. 사제 간의 강학과 편지뿐만 아니라 이종수, 류장원, 류도원柳道源, 정종로, 이만운李萬運, 남한조, 채제공, 조술도趙述道 등 여러 동학들과도 빈번히 교유하며 학문적 토론을 벌였다. 또한 산수 유람에서도 예외는 아니었다. 1769년 청송靑松(지금의 영덕盈德)에 있는 옥계玉溪를 유람한 적이 있었다. 당시 함께했던 스승의 가르침, 즉 자연 경관에 심취하여 시를 주고받는 데 그치지 않고 도를 찾는 방법을 터득하라는 말을 마음에 새기는 모습은 배움의 연장선상이었다.

이러한 만남은 그가 남긴 편지와 잡저를 통해 확인되며, 그 성과가 「계몽의문啓蒙疑問」·「인설의품仁說疑稟」·「선악개천리설善惡皆天理說」·「함양설涵養說」 등 논서와 『고증考證』·『공문일통孔門一統』 등 여러 저술로 완성되었다.

이렇듯 김종덕은 입문 이후 짧지 않은 시간 동안 자신의 학문을 성숙 및 완성시키는 데 온 힘을 기울였다. 이러한 노력은 드러나지 않을 수 없는 법, 이상정은 병운·병진·병원 세 손자의 교육을 그에게 의탁하였고, 급기야 학문에 더욱 매진하여 우리 사문을 밝혀 주기를 부탁하기에 이른다. 이는 그가 이상정의 문인 중 이종수·정종로와 더불어 '호문삼종湖門三宗', 또는 이종수·류장원과 더불어 '호문삼로湖門三老'로 칭송될 만큼 이른바 퇴계학의 정맥을 계승한 인물임을 표명한 것이다.

> 돌아가시기 이틀 전에 이 선생이 저고리를 입고 띠를 매시며 선생을 불러 "말한 것이 단지 일상적인 평범한 일에 불과하지만 심상한 가운데 오묘함이 있다."라고 가르치셨다. 이에 선생이 절하고 "제가 비록 영특하지 못하지만 선생님의 말씀을 명심하겠습니다."라고 말했으니, 부탁하여 전하고 받는 뜻이 있었던 것이다.
>
> 『천사선생문집부록川沙先生文集附錄』 권2, 「언행록言行錄, 鄭必奎」

> 이 선생이 공을 공경하여 예로써 대함이 매우 지극하였는데 그 손자 병운秉運을 보내서 제자의 예를 드리고 배우도록 하기에 이르렀다. 병환이 위독하실 때 정신이 혼미하여 능히 일어나 앉아서 손님을 볼 수 없었으나 공이 들어오면 반드시 부축을 받아 일어나 앉았고, 학자들을 불러서 말씀하실 때도 반드시 공을 기다려서 하였으니, 공 같은 이는 어찌 이 선생의 진결眞訣을 얻은 이가 아니겠는가?
>
> 『입재선생문집立齋先生文集』 권40, 「천사김공묘갈명川沙金公墓碣銘(並序)」

김종덕의 나이 58세 때인 1781년 스승 이상정은 세상을 떠난다. 그는 죽음에 대한 안타까움에 만사와 제문을 지었다. 특히 만사에서는 그 슬픔이 얼마나 컸던지 우러러보면 미치지 못하는 안타까움이 가시지 않고, 하늘을 보면 아득히 사모하는 마음을 가눌 수 없다고 했다.

대산선생만사大山先生輓詞

선생은 옛날에 태어나셔서 先生生古昔
주자와 퇴계의 문하에 나아갔네. 摳衣朱退門
응당 한번 빙그레 웃을 뿐이니 應須莞一笑
많은 말을 바라지 않으셨네. 不待有多言
들어맞는 것은 부계符契와 같고 沕合如符契
드러내 밝힌 것은 뿌리까지 통했네. 發明徹柢根
몸소 친하게 지내고 쾌활함을 보니 身親覩快活
혼미한 나의 앎을 깨우쳐 주셨네. 破我識迷昏

온 세상 종유하기를 원하는 선비는 海內願從士
모두 춘풍에 앉는 것을 얻었네. 皆能獲坐春
어찌 알겠는가. 듣는 무리 중에 安知聽者衆
참된 진리 얻지 못하는 자 있을 줄을. 不有得其眞
쇠잔한 실마리에 한 줄기 빛을 드리워 一線垂殘緖
천추에 큰 도리를 밝히셨네. 千秋明大倫
아! 이제는 모든 것이 끝이니 今焉嗟已矣
스스로 힘쓰는 사람 누구인가. 誰是自强人

성상께서 요순의 덕을 계승하셔서 聖上紹堯舜
동방이 한 번 다스려지길 기다렸네. 東方竚一治
대인께서 먼저 몸을 바르게 하시자 大人先正己
지덕께서 기로를 버려두지 않으셨네. 至德不遺耆
세월은 흘러 좋은 시절은 저물어 가고 荏苒佳期晩
오래 앓던 병세는 위중해졌네. 沉綿病勢危
아홉 조목 사직소 충성심 가득하니 九條耿耿在
예사로운 말로 여기지 말아야 하네. 休認尋常辭

『대산선생실기大山先生實紀』 권9, 「만사輓詞」

그러나 마냥 슬픔에 빠져 있을 수만은 없었다. 가장 시급한 일이 바로 스승의 학문적 업적과 연보를 정리하는 작업이었다. 이에 김종덕은 여러 동학들의 의견을 모아 흩어진 글을 수습 및 정리하고 이를 교정하는 데 집중했다. 여기에 스승의 아우였던 소산小山 이광정李光靖(1714-1789)과 후산后山 이종수李宗洙(1722-1797) 등이 깊이 관여했던 것으로 보인다.

그런데 생각처럼 일이 진척되지 않았고 마음만 더 조급해졌다. 작업이 더딘데다 스승의 빈자리를 느낀 허전함 때문이었을까. 1781년에 쓴 「매류설梅榴說」에서는 늦게 피는 매화와 석류꽃에 뒤늦게 학문을 성취해 가고 있는 자신을 투영하며 위안을 삼는 모습을 보이기도 한다.

또한 이즈음에 동료와 후학들은 그에게 강학의 문을 열어 줄 것을 요구했던 모양이다. 문인들 사이에서 스승의 정론을 온전히 계승한 인물로 인정되었에 가능한 요구였다. 당시 그는 스승의 문집과 연보 등 유업을 정리하고 이어 동학들과 교정을 마무리하고 있는 상태였다. 그는 여러 번 사양했으나 여의치 않았다. 급기야 1784년부터는 후산정사後山精舍에서 매월 삭망朔望에 정기적인 강회講會를 열고 종친들을 지도했다.

한편 김종덕은 64세 때인 1787년에 '유자정孺子亭'을 지었다. 여기서 만년을 보내며 강론과 저술에 힘쓰고자 했다. 정자의 이름인 '유자'는 후한 때 남주南州의 선비인 서치徐穉의 자이다. 서치는 자신이 선한 줄도 모르고 선한 행동을 할 만큼 자신을 다잡아 흐트러짐이 없었고, 집안이 가난하여 몸소 농사를 지었음에도 향촌사회에 많은 기여를 했다고 전한다. 그런 점에서 유학자의 표본이 되기에 충분했고, 김종덕은 바로 이러한 서치의 삶을 흠모하여 그처럼 살고자 했던 것이다. 그런 뜻을 담아 문인 남병南屛 정박鄭璞(1734-1796)에게 기문을 쓰도록 했다. 정박은 정온鄭蘊의 후손으로 정광주鄭光柱의 아들이다. 그 전문을 인용하면 다음과 같다.

천사공의 문하생과 제자들이 사촌의 작은 골에 정자를 짓고 박璞에게 기문을 짓도록 했다. 박은 거듭 사양했으나 받아들여지지 않았다. 꿇어앉아 공에게 삼가 정자의 이름을 유자라고 한 취지를 여쭈었다. 공은 "선비가 벗을 숭상함은 내가 애모하는 바로, 한나라의 서유자徐孺子가 그 사람이다. 내 힘으로 먹을 수 있음에도 놀고먹으며 큰 공적도 없는 군자의 도는 내가 배우고자 하는 것이 아니다. 그대는 후세에 경계할 잠언을 나와 자제들에게 남겨 주지 않겠는가?"라고 말하셨다. 박은 다시 꿇어앉아 "스승님의 뜻이 참으로 올바르고 아름답습니다."라고 말씀드렸다.

옛날 공자께서 번지의 물음에 "내가 늙은 농부나 늙은 채소꾼보다 못하다."라고 답한 것은 번지의 뜻이 대개 자기 스스로의 힘으로 먹고자 하는 것 외에는 생각이 없었기에 대답하지 않고 이를 경계한 것이다. 어찌 군자가 힘을 쓰는 데에 겨를이 없는 것은 소인의 일이 아니겠는가. 번지는 공자의 제자이기에 이를 당연하다고 여겨 분발하니 도에 나아간 것이리라. 이에 안연 같은 이가 한 그릇의 밥과 한 쪽박의 물로 일평생을 누추한 곳에서 살았으므로 공자께서 진실로 어질다고 말씀하셨다. 안연은 한 그릇의 밥과 한 쪽박의 물 외에 힘쓸 뿐, 그 살아가는 본분에는 일찍이 생각하지 않았다. 그러기에 먹는 데 힘써 공밥을 먹지 않는 것 또한 마땅하지 않는가.

우리나라의 저속한 선비는 이를 표방하고 서로 높이면서도 모두 고향의 터전을 버리고 서울에서 유학을 했다. 죽을 때까지 의로운 용맹과 정직을 생각하는 것이 전쟁을 치르는 듯 여기며 뉘우치지 않으니 이를 어질다고 말한다. 그 풍성風聲과 습기習氣가 끝내 부딪혀 세상의 환란을 면하지 못할 것이다. 이때를 당하여 떠풀로 단장한 서치와 같은 군자가 화려하지 않고 성실하며 문장에 능하지 않고 어두우며 녹봉이 없이 농사지어서 어버이를 봉양한다면 위태롭고 욕됨이 멀어져 종신토록 봉양할 수 있다.

자신을 다스리기 위해서는 세상의 환란을 떠나서 몸과 이름을 보존하고 중도에 우연히 만나서 시사의 물음에 대답하지 않으면 유자孺子의 어짐이 계위季偉보다 뛰어남을 알 것이다. 평생을 스스로 힘쓰는 것이 오로지 몸소 농사를 짓는 데에 있지 않으니 어찌 가난하면서 도를 지키는 공부를 하면 반드시 안연의 후학이 되지 않겠는가.

아! 선비의 앎은 세상에 보기 드문 곡강曲江의 비석이며 동호의 깊은 회포로다. 나는 아는 바에 어느 사람이 깊고 얕은지 알지 못하겠다. 오늘날 천사공이 마음과 정신을 회복하여 자나 깨나 크게 탄식하면서 남창의 산에 따라가서 농사를 짓고자 하는 것을 얻을 수 없음은 그 뜻이 어찌 질박하고 올바르지 않겠는가. 근래에 아름다운 문장은 간 곳이 없고 일찍이 먹는 데에만 힘을 쓰니 일찍이 그 밖의 일이 없었겠는가. 만약 천사공과 그 문하생들이 학문을 좋아하는 것을 안다면 유자의 도를 그 스승에게 구하려는 것을 미루어 알 것이다.

이것으로 보면 안자의 즐겨하는 것을 구하되 가볍게 지나치지 않아야 한다. 그것을 할 수 없다면 근검하고 힘써 농사지어 어버이를 봉양하고 자신을 기르면서 잠시라도 걱정이 없을 것이며 종신토록 즐거워해도 이 또한 유자의 문하생에게 해로운 것이 없다.

정자의 간살은 골에 견주어 약간 커서 문하생과 제자들이 서책을 쌓아 놓아도 여러 사람이 용납할 수 있다. 천사 형제가 스승의 자리를 바꿔 가며 서로 갈고 닦아 학문을 강론하니 그 문하에 따르는 사람들은 박과 같은 책을 잡고 오르는 자도 있고 이 정자에 거처하는 자도 있어 그 규모가 작게만 느껴졌다.

정자가 완성되기 전후에 둘째 구재공九齋公과 막내 진사공進士公이 연이어 돌아가셨다. 천사 사형제 중에 두 분이 세상을 떠나셨기에 때로는 밭 갈아 생활하면서 평생을 시골에서 보냈다. 공은 지금에 두 아우를 잃었으나 젊은 자제들과 공부하는 학생들이 진실로 스승의 가르침을 어기지 않으니 이로써 그 슬픔을 대신했다. 만약 서로 돕고 따라서 행한다면 천사의 학문이 이 세상에서 외롭지 않을 것이다.

슬프다. 박은 이미 게으르고 늙어 육십의 나이에도 먹고 사는 것이 근고勤苦의 손끝에서 나오니 그 힘쓰는 데에 함께하지 못함이 누구보다 심하다. 그런데 스승께서는 오히려 박에게 기문을 부탁하시니, 나는 그 죄를 자책한다. 아. 기록한 것에 가르침을 주십시오.

정조正朝 정미년丁未年(1787년) 5월
문인 정박鄭璞 삼가 짓다.

『유자정급문록孺子亭及門錄』 필사본에 따르면, 이 유자정에서 기른 제자는 정박鄭璞, 이야순李野淳, 정필규鄭必奎, 권득인權得仁, 서활徐活, 이병운李秉運, 이병원李秉遠, 류숭조柳嵩祚, 조우각趙友慤, 황학黃澩 등 130명에 이른다.

김종덕은 1789년 66세 때 학행學行으로 천거되어 의금부도사義禁府都事에 제수되었다. 그러나 자신을 천거해 준 경상감사 이병모李秉模에게 고마움을 표하면서도 분수에 따라 살고자 하며 병 또한 깊은지라 관직은 과분하다는 말로 사양했다. 이어 1794년 71세에 수직壽職으로 첨지중추부사僉知中樞府事에 오르게 된다.

이때 고산정사에 향사를 청하기 위한 회의를 진행하게 되었다. 그 자신을 비롯한 10여 명의 문인들이 모였는데, 이 모임의 의도는 이상정을 '진유眞儒'라 하고 이황의 적전임을 분명히 드러내기 위한 것이었다. 물론 이러한 시도는 이미 1783년부터 시작되었고, 이번에는 소를 올리고자 했다. 이 소를 작성한 문인이 바로 김종덕이다. 그러나 결과는 기대처럼 되지 않았다. 1811년에 연이은 강회를 열어 이러한 분위기를 조성한 끝에 1857년에야 뜻하는 바를 이룰 수 있었다.

한편 김종덕은 1797년에 『대산선생문집大山先生文集』 간행이 늦어지는 것에 대한 안타까운 마음을 드러냈다. 자신의 죽음을 예견하고 있었던 것일까. 당시 교정을 담당했던 이병운李秉運에게 보낸 편지(『川沙先生文集』 권12, 「與李際可(丁巳)」; 「答李際可」)에서 그 답답함을 이렇게 적었다. 즉 문집의 간행이 늦어진 것은 교정이 아직 완료되지 못한 탓이니 이를 빨리 끝내기를 바라면서 스승의 심법心法이 많은 사람들에게 감흥을 줄 수 있도록 널리 보급할 수 있는 방안 또한 마련하기를 당부하고 있다.

그러나 이런 희망에도 불구하고 끝내 문집의 완성을 보지 못한 채, 그는 그해에 병이 들어 74세의 나이로 세상을 떠나게 된다. 행장은 이병운이, 묘갈문은 정종로가 썼고, 언행록은 정필규가 정리했다. 입재立齋 정종로鄭宗魯(1738~1816)는 그를 도가 있는 군자라 하고, 그의 학문이 '경敬'을 종지로 하고 있음을 강조했다.

공은 어려서부터 남보다 총명하였고 자질과 성품이 도에 가까웠다. 소호리에 가서 이상정 선생을 따라 배우면서 전일한 마음으로 섬겨 덕에 나아갔다. 학문을 닦는 단계를 한결같이 스승의 가르침을 준수하며 강구하고 체험하기에 잠시도 쉬지 않았다. 그러니 그 입지立志가 원대하고 공부가 엄밀하여 널리 공부하되 범범하기에 힘쓰지 않고 간략하되 비루한 데 빠질까 두려워했다. 실오라기나 털끝만 한 것까지 분석함이 절실한 이치가 아님이 없었고 돌이켜 살펴보고 스스로 경계함이 모두 뜻을 정성스럽게 하고 마음을 바르게 하는 공부였다. 처음부터 끝까지 '경敬'을 주장하여 날마다 새롭게 하고 또 새롭게 하였던 까닭으로 이 선생이 자주 그 독실함이 훌륭하다고 칭찬하셨다. 그 학문이 더욱 밝고 덕이 더욱 높은 데 이르러서는 얼굴에 환한 기상이 나타나고 등 뒤로 후한 덕용德容이 넘쳤다. 말은 엄정하고 뜻은 확고하였으며, 용모를 움직이는 사이에는 법도가 엄하고 사물을 맞이하는 즈음에는 덕성이 가득했다. 그러므로 이를 보는 사람들이 도道가 있는 군자라고 하지 않는 이가 없었다.

『입재선생문집立齋先生文集』 권40, 「천사김공묘갈명川沙金公墓碣銘(並序)」

1806년 종질從姪 김당진金堂進이 문집을 목판으로 간행했다. 1862년에는 영남의 유림들이 청송에 있는 부강서원에 이상정·류치명의 위패와 함께 봉안하려 하였으나 대원군의 서원철폐령으로 뜻을 이루지 못했다. 대신 그들의 저술인 『약중편約中篇』, 『성학정로聖學正路』, 『주절휘요朱節彙要』를 동시에 간행했다. 1915년 유림의 의견으로 불천위에 추대되었다.

이렇게 보면 김종덕은 평생을 산림에 기거하면서 학문에 전념한 인물이라 할 수 있겠다. 과거를 도외시한 것은 아니었지만 이내 그 길이 자신이 바라는 바가 아님을 깨닫고 오직 성인지학을

천사 김종덕 선생 묘소

천사 김종덕 선생 묘비

목표로 전념했다. 말년에 지은 정자의 이름을 '유자'라고 한 것도 이와 무관하지 않다. 즉 서치와 같은 삶을 흠모하며 따르고자 하는 의지의 표현인 셈이다.

그가 남긴 저술은 모두 이러한 노력의 산물이라고 할 수 있겠는데, 대표적인 몇 가지를 들면 다음과 같다. 『천사선생문집川沙先生文集』 19권 10책, 『부록附錄』 2책, 『심경강록간보心經講錄刊補』·『성학정로聖學正路』·『성학입문聖學入門』·『공문일통孔門一統』·『석학정장釋學正藏』·『정본政本』·『입본立本』 각 1책과 『초려문답草廬問答』 2책,

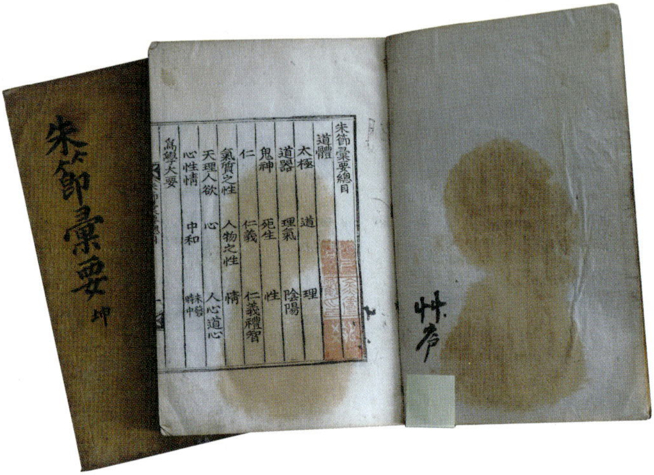

『주절휘요』

『고증考證』 6책 등이다. 1992년 계명한문학연구회에서 종가에 보관되어 있던 문적을 전집 7권으로 영인하여 간행했다. 2006년에는 천사선생기념사업회가 조직되어 2010년 7월 4일에 유자정을 복원하게 되었다.

천사 김종덕의
삶과 학문

2 거경궁리의 학문을 이루다

김종덕은 산림처사로 평생을 학문에 몰두한 인물이다. 한때 과거의 꿈이 없지 않았으나 성인지학에 대한 열망 또한 간절했다. 여기에는 이상정의 문하에 수학하던 동생을 통해 간간이 그의 가르침을 받곤 했던 것이 결정적인 계기가 되었을 듯하다. 급기야 그는 36세 때 이상정의 문하에 나아가기로 결심한다. 이러한 선택은 본격적인 학문 수수는 물론 자신의 학문을 한층 성숙시키는 계기가 되었다.

실제로 이를 보여 주기라도 하듯 그의 문집 대부분이 편지와 잡저로 채워져 있고, 내용도 거의 학문에 관련된 질문과 답변, 그리고 그 결론을 정리한 것들이다. 특히 권2-권3에 1759년부터

1781년까지 쓴 편지 37통이 수록되어 있는데, 내용이 문하에 나아간 뒤부터 스승이 세상을 떠날 때까지 이어진다. 따라서 이러한 자료를 통해 그가 추구한 학문이 무엇인지를 살펴보는 것은 의미 있을 듯하다.

1) 학문의 목표: 성학聖學, 성인됨을 위한 학문

김종덕은 학문의 목표를 성학聖學, 즉 성인됨에 두며 이에 이르는 길은 위기지학爲己之學일 뿐이라고 했다. 이 위기지학은 하학상달下學上達을 근간으로 한다. 즉 성인의 학문이란 비근한 데에서 시작하여 고원한 데에 이르는 것을 목표로 해야 한다는 말이다.

> 주자가 왕상서에게 답하는 편지에서 성문의 가르침은 하학상달下學上達이다. 쉬운 데에서부터 공부하고 따지며 생각하고 마음을 쏟아 그 속에서 헤엄치듯 자유롭게 오래 지속하여 점차 얻음이 있게 되면 날로 높고 깊으며 멀고 큰 것에까지 미치게 되어 끝간 데가 없게 될 것이다. 정부자는 "공부를 잘하는 사람이 진리를 구하되 반드시 가까운 데에서부터 해야 되니 가까운 것을 소홀히 하면 진리를 아는 사람이 아니다."라고 말했다.
>
> 『천사선생전집川沙先生全集』 권5, 『고증考證』 권1, 「비근卑近」

1774년에 간행한 『고증』의 서문에 나오는 말이다. 여기서 그는 하학상달을 언급하며 어디에서부터 공부를 시작해야 할지를 분명히 했다. 하학, 즉 일상생활의 실천에서부터 출발해야 한다는 것이다. 『소학小學』은 여기에 중요한 지침서로 활용되었다. 이 책은 '쇄소응대灑掃應對 진퇴지절進退之節'이란 말에서 알 수 있듯이 일상에서 기본적으로 실천해야 할 덕목들을 나열하고 있기 때문이다. 이를 통해 기본적인 실천 덕목을 몸으로 익히는 데에서부터 시작하는 것이 무엇보다 중요한 공부처라고 생각했다. 이러한 입장은 1790년에 간행한 『성학입문聖學入門』에서도 비슷하게 나타난다. 이 책은 성학에 이르는 수도修道의 방법에 절실한 말을 유가의 경전과 제가의 문집 등에서 발췌하여 조목별로 묶은 것이다.

> 성인의 체용은 천지와 합하여 생각할 것도 없이 저절로 나타나 원근과 상하가 모두 하나같이 지극하니 어찌 사람들이 헤아려 형용할 수 있겠는가? 그러나 볼 수 있는 것은 평상을 넘어선 유현한 것이 아니고 다만 공손하고 겸양하며 친목하는 것일 뿐이다. 이것이 어찌 꼭 성인이어야만 가능한 것이겠는가? 성인에게는 몸에 배어 자연스럽고 신비로운 절도이고 지켜야 할 윤리이며 가정을 다스리는 근본인 것이니 사람이라면 누구나 행할 수 있는 것이다. 성인을 배우려는 사람이 그저 성인과 하늘이 구별이 없다는 것만 알아서 아득하고 고원한 데에서 구하며 처음부터 지극한 경계만을 생각하고 오늘 당장에 쓰일 공경과 겸양, 친목은 알지 못하니 이것이 내게 무슨 소용이 있겠는가?
>
> 『천사선생전집川沙先生全集』 권7, 『성학입문聖學入門』

김종덕은 아마도 이러한 입장에서 『입본立本』을 지었는지도 모른다. 이 책에는 초학자들이 기본적으로 가져야 할 자세와 익혀

야 할 내용들이 담겨져 있다. 가령 입지立志의 중요성과 대인군자가 되어야 하는 이유는 물론 이에 따른 의복, 음식, 언어 등에 필요한 지식들이 대부분 망라되어 있다. 그러므로 이 책은 『소학』에 대응될 수 있는 초학자의 기본서일 뿐만 아니라 그가 무엇을 중요하게 생각하고 있었는지를 간접적으로 확인할 수 있는 자료이다. 바로 하학을 통한 실천지학이다. 물론 이는 주자학을 근간으로 하는 학자라면 으레 그렇겠지만 그에게도 중요한 학문적 목표였던 것이다. 그런 점에서 그가 생각하는 학문의 중요성에 대해 살펴볼 필요가 있다.

> 어떤 사람이 "천하에 많은 일이 있는데 하필 학문이 중요한 까닭은 무엇인가?"라고 물으니 (내가) "천하 사람이 모두 선해서 천하 사람들이 모두 평안할 수 있다면 학문은 할 필요가 없다. 만세의 군주가 모두 요순과 같고 만세의 신하가 모두 고은皐誾이나 기夔와 같다면 학문은 없어도 좋을 것이다. 학자는 모든 임금이 요순을 본받게 하고 모든 신하가 고은을 본받게 하여 사람들이 모두 선하게 되어 아무런 어려움이 없도록 하고자 한다."라고 대답했다.
>
> 『천사선생전집川沙先生全集』 권4, 『초려문답草廬問答』

『초려문답』에서 한 말이다. 『초려문답』은 그가 73세 때에 문인들과 학문 전반에 대해 문답한 것을 기록한 책이다. 인용문은 그 서문에 해당한다. 여기서 학문이 중요한 이유는 인간다움의 실현, 즉 모든 사람들이 도덕적 인격을 이루는 데에 있다고 했다. 이는 하상대夏商代에 처음 제기되었으나 그동안 그 뜻을 잃었다가 송대宋代에 이르러 다시 일어나게 되었다고 했으니, 바로 주자학朱子學을 염두에 둔 말일 것이다.

실제로 주자학은 공맹의 사상을 이어받아 도덕적 완성을 이루는 것을 학문의 목표로 삼았다. 그 인격체가 바로 성인聖人이며, 그러한 학문을 성인지학이라고 했다. 이를 좀 더 자세히 말하자면, 천인합일天人合一의 논리로 설명할 수 있겠다.

즉 인간은 세계의 한 부분이다. 물론 이 세계에는 인간만이 아닌 동물과 식물 등 다양한 만물들이 존재한다. 그러니 세계의 원리가 인간을 비롯한 모든 만물에 엄연히 존재하는 것은 당연하다. 말하자면 모든 존재는 하늘의 원리를 품고 있는 셈이다. 다만 인간은 그러한 사물과 달리 세계의 중심에 위치하니 가장 존귀한 것이다.

여기서 주자학은 이 세계를 리理와 기氣라는 두 요소로 설명하는데, 이것이 인간에게도 동일하게 작용하니 본성本性과 기질氣質이 그것이다. 전자는 만물의 동일성을, 후자는 만물의 차별성을 드러낸다. 결국 인간은 하늘에서 비롯되었으니 차별성보다 동일성을 회복하고자 노력해야 하는데, 이것이 바로 공부론으로 이어지게 된다.

다만 이황에게서 비롯된 퇴계학의 전통은 여기에서 한발 비켜나 있다. 의도했든 그렇지 않든 세계와 인간의 관계를 역전시켜 세계는 인간의 배경으로 존재하는 데에 한정하고, 오직 인간의 문제에만 집중하고자 했다. 1559년에 일어난 이황과 기대승 간의 사단칠정논쟁에서 마음의 감정 문제가 그러했고, 1572년에 일어난 성혼과 이이 간의 인심도심논쟁에서 감정의 근원인 마음의 문제 또한 마찬가지이다.

김종덕은 바로 이러한 학맥에 서 있던 인물이었다. 그가 리기설에 대해 별다른 관심을 보이지 않는 반면 심성과 이에 따른 공부론에 특히 주목한 것은 그런 점에서 자연스러운 것이기도 하다. 이를 알 수 있는 시로 「우음偶吟」을 들 수 있는데, 내용은 다음과 같다.

천지만물은 동일한 하나의 리理에 근원하니,	天地萬物同一理
마음 안과 밖에 또 무엇이 있는 것이 아니네.	腔子內外更無他
비록 그러하나 대본大本의 주체는 나에게 있으니,	雖然大本主在我
한번 측은지심 보는 것이 어떨까 하네.	試看惻隱心如何

그는 주자학의 기본적인 관점에서 맹자의 성선에 바탕을 둔 심성론을 전개한다. 다만 이를 이해하는 방식에서 독특함이 느껴진다. 즉 그는 「선악개천리설善惡皆天理說」에서 마음이 성을 함의하고 있으니 천리의 본연을 간직하고 있다고 전제한다. 당연히 선과 악은 천리의 본연에서 비롯된 것이며, 그런 점에서 천리의 본연을 잃어 악이 되지 않도록 중절中節의 마땅함을 찾는 방법을 모색하는 것이 중요하다고 했다. 또한 「성선설性善說」에서 이러한 성선은 실제로 실천에 옮김으로써 그 실질을 얻을 수 있다고 강조했다.

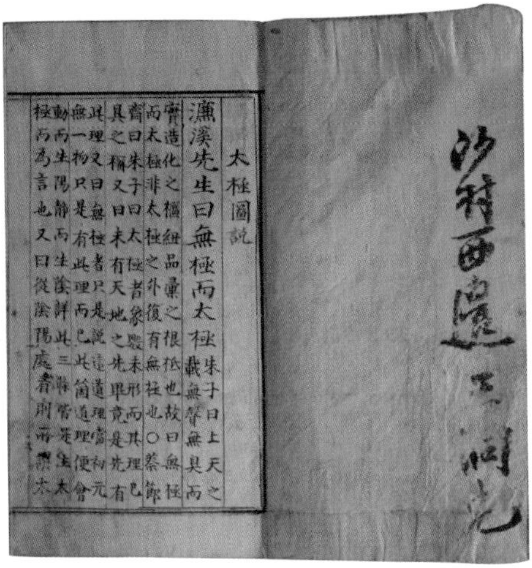
太極圖說

濂溪先生曰無極而太極

「태극도설」

이러한 김종덕의 주장은 주돈이의 「태극도설」을 이해하는 방식에서도 다르지 않다. 그는 「태극도설설太極圖說說」에서 태극의 핵심은 '중정인의中正仁義'에 있으니 태극공부의 핵심 또한 이를 실현하는 데 있다고 했다. 그러니 이는 '주정主靜'을 통해 길한 것을 추구하되 흉한 것을 억제하는 데에 힘씀으로써 가능하다. 더불어 보다 궁극적으로는 오성五性의 감동에 있으니 선악의 갈림길은 학자들이 가장 중요하게 생각해야 하는 지점이라고 강조했다. 여기서 선악의 기미를 파악하는 것은 결국 공부 방법을 요청하는 중요한 근거가 된다.

2) 성학을 위한 길: 격물궁리格物窮理와 거경함양居敬涵養

일반적으로 주자학에서는 두 가지 공부법을 제시하고 있다. 격물궁리格物窮理와 거경함양居敬涵養이 그것이다. 전자를 흔히 독서사물공부라고 한다면, 후자를 마음수양공부라고 할 수 있겠는데, 이는 마치 수레의 두 바퀴나 새의 두 날개와 같아서 어느 하나에 편중되거나 폐할 수 없다고 했다.

앞서 언급한 주정공부는 바로 후자를 말한다. 이는 주희의 스승이었던 연평 이동이 제기했고 이황 또한 강조한 것으로, 김종덕은 이를 계승하고 있는 것이다. 사실 그는 기본적으로 주자학에서 말한 두 공부의 병행을 부정하지 않았다. 여기에는 스승 이상정의 영향 또한 없지 않다. 이상정은 공부 방법을 이렇게 말한다.

> 지금은 『대학』, 『논어』, 『맹자』를 우선으로 삼아, 마음을 비워 뜻을 한가롭게 하고, 반복하여 깊이 연구하며, 그 의미를 충분히 파악해야 합니다. 그 노맥路脈을 평탄하고 절실하게 하여 점차 나아가 실지實地에서 공부해야 합니다. 이를 오래도록 익숙하게 하면 리와 심이 하나가 되고 습習과 신身이 더불어 편안해져 깊이 자득함을 이룰 것이며, 머무는 것이 안정되고 이용하는 것에 심원한 묘리가 여기서 벗어나지 않을 것입니다.
>
> 『대산선생문집大山先生文集』 권17, 「답류숙문숙원答柳叔文叔遠(己丑)」

그는 공부 방법을 두 가지로 제시하고 있다. 즉 반복하여 그 의미를 파악하는 것과 평실하게 하여 실지에 나아가는 것이다. 전자가 내적 공부이자 지知의 영역이라면, 후자는 외적 공부이자

행行의 영역이다. 이를 통해 내 마음에 있는 본성이 천리와 하나가 되는 '심여리일心與理一'의 경지와 익힌 것이 몸과 하나가 되는 '지행합일知行合一'의 경지에도 이를 수 있다고 했다. 이러한 견해는 김종덕이 학문의 방법과 자세에 대한 질문에 답변하는 내용에서도 거의 유사하게 나타난다.

> 제 생각에는 이런 급박하고 계교하는 생각을 모두 버리고 『대학』, 『논어』, 『맹자』 등의 책을 반복해서 연구해야 합니다. 성현의 기상과 도리의 체면體面을 보아서 깊이 잠심하고 충분히 몸에 배게 하여 그 의미가 기뻐할 만하다는 것을 실제로 본다면 각박하게 억제하지 않더라도 병통이 자연히 없어질 것입니다. 그리고 일상생활에서 보면 마음이 일정하게 보존되고 조금씩 점검하여 반드시 마음을 보존하려고 노력해야 합니다. 마음에서 늘 잊지 않고 또 억지로 조장하지 않는다면 자기도 느끼지 못하는 사이에 홀연히 진전됨이 있을 것입니다.
>
> 『대산선생문집大山先生文集』 권24, 「답김도언직보答金道彦直甫(宗敬)」

그는 아마도 이러한 스승의 가르침을 충실히 따른 듯하다. 공자의 문하에서 전승된 수신의 요결 중 적실한 것을 묶은 『성학정로聖學正路』가 이를 여실히 보여 준다. 즉 증자의 '삼귀三貴'와 '삼성三省', 안자의 '사물四勿', 번지의 '인仁' 등이 마음공부의 요체로 성학에 이르는 길이라고 했다. 그렇기에 서산西山 김흥락金興洛은 이를 읽고 진정한 궁리와 수신의 공부에 부합하는 학문을 하게 되었다고 고백했던 것이다.

(헌종 10년 갑진, 1844년 선생 18세) 3월에 계상溪上으로 가서 『성학정로聖學正路』에 대해 강하다. ○밤에 독서하다가 문득 놀라 두려워하면서 "배움이 진보하는 공부는 궁리하고 수신하는 것보다 나은 것이 없다. 내가 요사이 공부하는 것은 모두 유명무실하고 장구의 말단에 급급해서 자신을 검속하고 조심하는 방안이 없으니 얻을 것이 과연 무엇이겠는가."라고 탄식하였다. 이로부터 향상하는 데 뜻을 오로지하고 감히 한 시각도 허술히 보내지 않았다.

『서산선생문집부록西山先生文集附錄』 권1, 『연보年譜』

이렇게 격물궁리의 입장에서 보면, 김종덕은 『대학大學』을 중시하여 사서四書를 비롯한 『주자서朱子書』, 『퇴계서退溪書』 등 경전 탐구에 많은 시간을 할애했다. 경문에 대해 궁금증이 생기면 선현들의 견해를 일일이 확인하고 비교하면서 판단 근거를 마련했다. 이를 바탕으로 자신의 견해를 정리하여 스승이나 동학에게 자문을 구하기도 했다. 그 결과 바람직한 의견이 도출되지 않으면 여기에 이를 때까지 끝이 없는 토론을 이어 갔다. 그가 남긴 『고증』을 비롯해 이상정과 이종수, 류장원 등에게 보낸 편지들이 모두 이러한 내용을 담고 있다.

이러한 여러 말을 듣고 마음에 와닿는 것이 없다면 끝내 학문에 들어갈 길을 알지 못할 것이다. 이미 학문에 들어갈 길을 알지 못한다면 비록 아무리 많은 책을 읽는다 할지라도 그것은 귀로 듣고 입으로 지껄이는 데 그칠 것이니 실제에 무슨 소용이 있겠는가?

『천사선생전집川沙先生全集』 권7, 『성학입문聖學入門』

다만 그는 이보다 더 중요한 것이 바로 거경함양에 있다고 보았다. 이러한 지식공부는 선악 판단의 근거로 작용할 뿐, 이에 근거하여 끊임없이 실천하는 주체는 마음이기 때문이다. 그래서 그는 성현의 심법인 정일집중精一執中, 마음을 닦는 조존성찰操存省察, 이동과 이황이 강조한 고요한 마음의 상태를 유도하는 주정법 등을 필요로 했다. 이를 통해 「자겸설自慊說」에서 말한 자겸自慊, 즉 선을 가까이하고 악을 멀리하는 마음의 상태에서 무자기毋自欺를 거쳐 성의誠意, 정심正心에 이르고자 노력했다.

그런 점에서 『심경강록간보心經講錄刊補』는 매우 중요한 의미를 갖는 저술이다. 이 책은 김종덕이 72세 때인 1795년에 『심경강록』을 보완하기 위해 간행한 것이다. 『심경』은 1234년에 서산西山 진덕수陳德秀(1178-1235)가 마음공부와 관련된 내용을 장별로 정리한 것이다. 그 내용은 여러 경전經傳에서 뽑은 것으로, 모두 37장이며 본문本文과 본주本註로 구성되어 있다. 발췌한 부분은 다음과 같다. 『서경書經』 1장, 『시경詩經』 2장, 『역경易經』 5장, 『논어論語』 2장, 『중용中庸』 2장, 『대학大學』 2장, 『예기禮記』·『악기樂記』 3장, 『맹자孟子』 12장 등 29장이 실려 있고, 이어 송유宋儒들의 글로 주돈이周敦頤의 「양심설養心說」·「통서通書」·「성가학장聖可學章」, 정이程頤의 「사잠四箴」, 범준范浚의 「심잠心箴」, 주희朱熹의 「경재잠敬齋箴」·「구방심재잠求放心齋箴」·「존덕성재잠尊德性齋箴」 등 7편이 실려 있다.

황돈黃墩 정민정程敏政(1445-1499)은 이러한 진덕수의 『심경』에 대해 "정주학의 대유들이 깨우쳐 준 경계될 만한 절실한 말들이 본주에 포함되어 있지 않은 것으로 보아 경전은 본래 서산 선생으로부터 나왔지만 주는 후인들이 잡다하게 넣은 까닭이 아닐까 한다."라고 하며 불만을 토로했다. 그는 여기에 후대의 인물들로 주를 더 붙이고 앞에 진덕수의 「심경찬心經贊」, 정복심의 「심학도心學圖」 등을 추가하여 1492년에 『심경부주心經附註』를 편찬했다. 그 서문에서 인간됨이란 본심本心을 잃지 않는 데 있으며, 성학의 시작과 끝을 이루는 요체는 '경敬'에 있음을 강조했다.

이러한 『심경부주』를 이황이 처음 접한 것은 1533년이었고, 본격적인 탐독은 고향으로 돌아온 뒤인 50대 이후였다. 그의 감흥이 얼마나 컸던지 다음과 같은 말에서 짐작할 수 있다.

> 나는 『심경』을 얻은 이후 비로소 심학心學의 연원과 심법心法의 정미함을 알게 되었다. 그런 까닭에 나는 평생 이 책을 믿기를 신명神明과 같이 알았고, 이 책을 공경하기를 엄한 아버지와 같이 했다.
>
> 『퇴계선생언행록退溪先生言行錄』 권1, 「학문學問」

이황은 도학의 감흥이 이 책으로부터 비롯되었다 하여 『사서』나 『근사록』 아래에 두지 않았으며, 그렇기에 자신은 허형許衡이 『소학』을 대하듯 할 것이라고 다짐했을 정도였다. 그런 그에게도 한 차례 고비가 없지는 않았다. 때마침 제자 중 월천月川 조목趙穆(1524-1606)과 금계錦溪 황준량黃俊良(1517-1563) 등이 과거문제를 판 내력을 들어 정민정의 인물됨과 육구연陸九淵 학풍의 개입 여

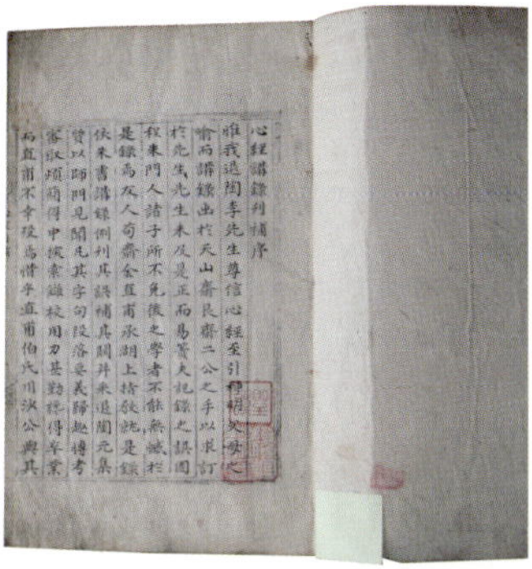

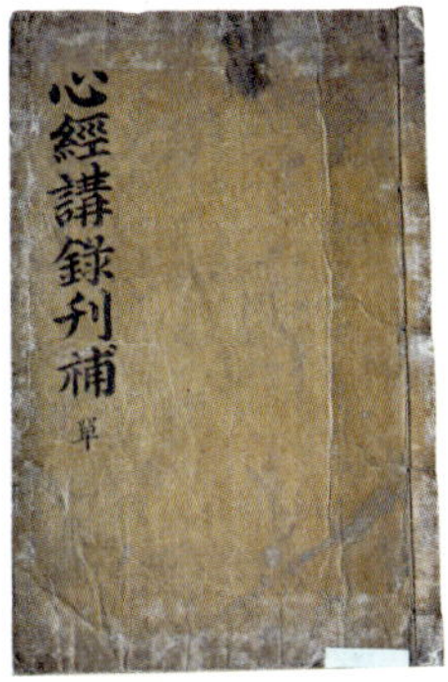

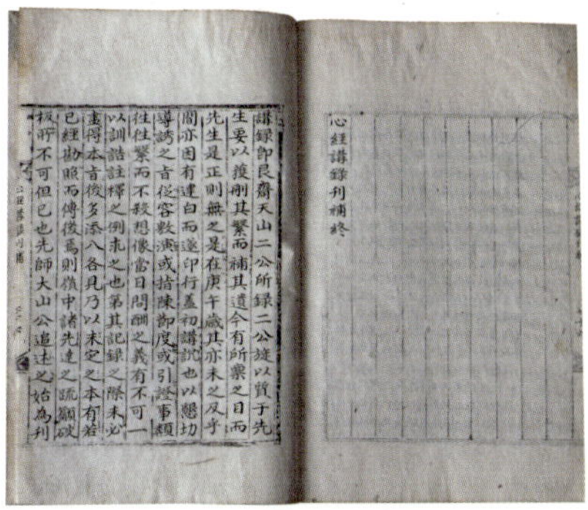

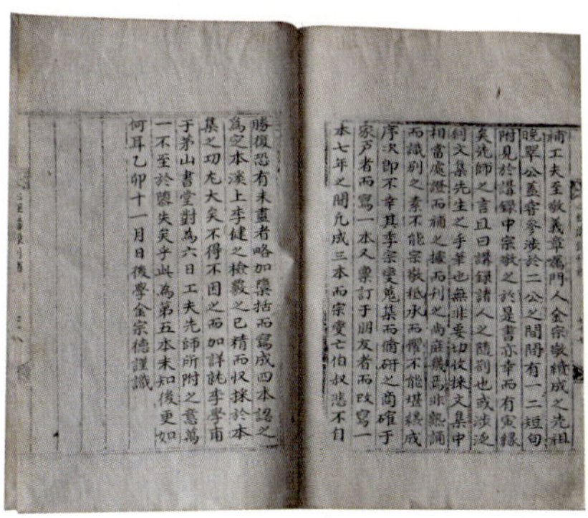

『심경강록간보』

부에 대해 강하게 의문을 제기했다. 이에 대한 충격이 컸던 만큼 그의 고민은 깊었다. 그러나 그의 애착을 되돌릴 수는 없었다. 오히려 「심경후론心經後論」을 통해 이러한 논란을 해명하면서 이 책에 대한 자신의 확고한 믿음을 분명히 했다.

공자는 "글로써 학식을 넓히고 예로써 간략하게 표현한다."라고 했고, 자사는 "덕성을 높이고 학문에 말미암는다."라고 했으며, 맹자는 "널리 배우고 상세히 강설하여 장차 간략함으로 돌아간다."라고 했다. 양자가 서로 의지함이 수레의 두 바퀴와 같고 새의 두 날개와 같아서 한쪽을 없애면 굴러갈 수도 날아갈 수도 없으니 이것이 실로 주희의 학설이다. … 내가 이 책을 보건대, 이 경문은 『시경』, 『서경』, 『역경』에서 정자와 주자의 학설까지 걸쳐 있으니 모두가 성현의 위대한 가르침이고 거기에 딸린 주는 주돈이, 이정, 장재, 주희에서 후대 여러 현인들의 학설까지 아울러 뽑았으니 지당하지 않는 말이 없다. 어찌 황돈의 잘못으로 위대한 교훈과 지당한 말씀까지 함께 존신하지 않으려 하는가? … 한갓 글로써 박식하게 하는 데만 힘쓰고 예로써 간략히 하는 데 소홀하면 그 폐단은 반드시 입과 귀로 익히는 데 이른다. 그러므로 주자는 당시에 그 점을 우려하고 경계하기를 절실히 했으니 진실로 이 주에서 인용한 열두 조목의 내용과 같다. 또한 그 문인이 기술한 행장에서 "만년에 여러 문생들이 글의 뜻에 얽매여 있음을 보고 비로소 본체를 가리켜 보여 주었다."라고 한 것은 존덕성공부를 하여 글의 뜻에 얽매이는 폐단을 구했다는 것이니 황돈의 말이 아니고 주희의 뜻이 실로 그러했다. 황돈이 여기에서 다만 부당하게 초년과 만년으로 구분했을 뿐인 것이다. 만약 그가 주희의 뜻을 좇아 서산의 경전에 찬동하여 이를 편말에 주로 닮으로써 말학의 잘못을 구하려 했다면 실로 지당하고 바꿀 수 없는 것이다. 하물며 그저 주희의 말을 인용하고 여러 유학자들이 주희의 설에 대해 발명해 놓은 조목을 보충했을 뿐이며 한 마디라도 육씨陸氏의 학문에 관해 언급하고 주희 만년의 깨달음이 이와 합치된다고 하여 『도일편道一編』에서 말하는 것과 같다고 한 적이 없다.

『퇴계선생문집退溪先生文集』 권41, 「심경후론心經後論」

그리고 『소학』, 『근사록』, 『심경』 가운데 초학자가 처음 배울 것으로 『심경』보다 더 절실한 것은 없다고 하며 세상을 떠나기 전까지 제자들에게 『심경』에 대한 강의를 멈추지 않았다. 『심경강록』은 바로 이러한 이황의 강의를 간재艮齋 이덕홍李德弘(1541–1596)과 천산재天山齋 이함형李咸亨(1550–1586)이 기록한 것이다. 그런데 이에 대해 이황의 확인을 받지 못해 그 정확성에 의문이 많았던 터였다. 급기야 이상정이 김종덕의 아우인 김종경에게 「경의장」 이후를 보완하도록 부탁했다.

김종경은 『주서강록간보朱書講錄刊補』의 범례에 따르되 『퇴계집』과 지산芝山 조호익曺好益(1545–1609)의 『심경질의고오心經質疑考誤』를 참고하여 잘못된 부분을 삭제하고 부족한 부분을 보완했으나 미처 마무리를 짓지 못한 채 세상을 떠나고 말았다. 이를 아우 김종섭이 잇고자 했으나 그 또한 유명을 달리했다. 김종덕은 이를 안타까워하다 마침내 이종수, 정종로 등 여러 동학들의 의견을 참고하여 『심경강록간보』를 완성했다.

이 책의 가장 큰 특징은 앞서 언급한 대로 관련된 구절에 대해 의심나는 부분을 『퇴계집』에서 직접 확인하여 정리해 놓고 있다는 점이다. 특히 이황이 제자들과 『심경』을 토론한 내용을 번

다할 정도로 자세히 기록한 부분이 눈에 띈다. 이는 김종덕이 주희와 이황의 편지글을 중요하게 생각하여 항목별로 정리해 둔 바가 있었기에 가능한 것이었다. 『고증』이란 저술이 바로 이것인데, 여기서 그는 다음과 같이 말한다.

> 공자가 전수한 학문 내용을 해득한 이가 주자이고, 주자 학문의 바른 뜻을 이해한 이가 퇴계이다. 두 선생의 말씀은 모두 오묘한 진리의 표현으로 사람을 감발하고 진작시킴이 마치 자리를 마주하여 직접 가르침을 받는 듯하니 심성을 변화시키는 데에는 편지글이 최고이다. 더구나 중요한 것들을 모두 발췌하여 절요에 수록해 두었으니 그 조목과 차서를 찾기 쉽고 단락을 정하기가 쉽다. 조용히 마음을 비우고 읽으며 생각하기를 10년 혹은 20년을 반복해 따지고 익히게 되면 문구의 뜻을 새삼 따질 것도 없이 마음에 환하게 드러나게 되고, 그 이치들이 하나로 관통되어 마음을 다스리는 큰 법이 저절로 생겨나게 될 것이다.
>
> 『천사선생전집川沙先生全集』 권5, 『고증考證』, 「서序」

서문은 이 책이 조선중·후기 퇴계학파의 인물들이 이황의 철학을 어떻게 계승하고 있는지 확인할 수 있는 중요한 자료임을 말해 준다. 특히 '안案'이란 항목을 설정하여 이상정의 견해를 제시하고 있는데, 이는 김종덕을 비롯한 그의 문인들 사이에 공유한 견해로 봐도 무방할 것이다.

그런 점에서 이 책의 주장은 대체로 이황의 입장을 견지하고 있는 듯이 보인다. 다만 이것은 이상정의 견해가 일정 부분 수용된 측면이 없지 않다. 그 예로 심을 리와 기의 합으로 본다는 점,

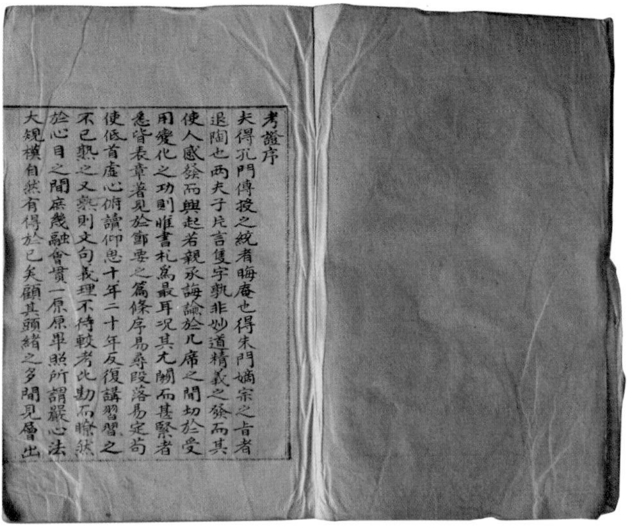
考證序
夫得孔門傳授之統者晦庵也得朱門嫡宗之旨者
退陶也兩夫子片言隻字孰非妙道精義之發而其
使人感發而興起若親承誨諭於几席之間切於受
用變化之功則惟書札為最耳況其尤關而甚緊者
悉皆表章著見於節要之篇條序易尋段落易定苟
使低首虛心俯讀仰思十年二十年反復講習習之
不已熟之又熟則文句義理不待較考比勘而瞭然
於心目之間庶幾融會貫一原原畢照所謂嚴心法
大規模自然有得於己矣顧其頭緒之多間見層出

『고증』

사단을 도심에, 칠정을 인심에 대응하여 이해한 점, 주희의 만년 정론을 인정하지 않는 점 등을 들 수 있다.

우선 주자학에서는 심을 기로 보는 것이 일반적이다. 그런데 이황은 이를 리와 기의 합으로 이해했다. 물론 성이 심 안에 있으니 당연한 것처럼 생각될지 모른다. 그런데 여기서 말하는 것은 심의 양태, 즉 감정이 일어나기 전과 후로 나누어 생각해 보면 마음은 이 두 가지를 모두 함의하고 있다고 본 것이다. 이는 요즘 말로 양심이라고 할 수 있는 마음에 도덕적 실천 능력을 부여하고자 하는 의도로 읽을 수 있다.

사단칠정, 인심도심 또한 전자는 포함관계로, 후자는 대립관계로 보는 것이 일반적이다. 마음은 그 근원이 다르지만 감정은 근원이 성으로 같다고 보기 때문이다. 그러나 이황은 이 둘의 관계가 다르지 않다고 하며 사단을 도심에, 칠정을 인심에 배속시킨다. 이유 또한 그 유래가 같기 때문이라고 했다. 다만 이상정은 심은 물론 성과 정을 원칙적으로 하나로 본다는 점에서 차이가 있다.

"어떤 이는 사단을 정이라 하고 또 어떤 이는 칠정을 정이라고 하는데 사람에게는 두 가지 정이 있습니까?"라고 물었다. 이에 "정이 발하는 것은 리를 위주로 하기도 하고 기를 위주로 하기도 합니다. 기를 위주로 하는 것이 칠정이고, 리를 위주로 하는 것이 사단인데, 어떻게 두 가지가 있겠습니까?"라고 답했다. 또 "리는 본래 형체가 없는데, 만약 기가 없다면 어떻게 홀로 발하는 리가 있습니까?"라고 물었다. 이에 "세상에는 리 없는 기가 없고, 기 없는 리도 없습니다. 사단은 리가 발하되 기가 따르는 것이고 칠정은 기가 발하되 리가 타는 것입니다. 리가 발하는데 기가 그것을 따르지 않으면 발하더라도 이루어지는 것이 없고, 기가 발하되 리가 그것을 타지 않으면 이욕에 빠져 금수가 될 뿐입니다. 이것은 변하지 않는 정해진 이치입니다."라고 답했다.

『천사선생전집川沙先生全集』 권7, 『심경강록간보心經講錄刊補』, 「제이편第二篇」

주희의 만년정론은 공부론과 관련된 것으로, 존덕성과 도문학은 서로 병행해야 할 것으로 여겼다. 그런데 주희가 만년에 존덕성을 상대적으로 중시하는 입장을 취했다는 것이 논란이 되었

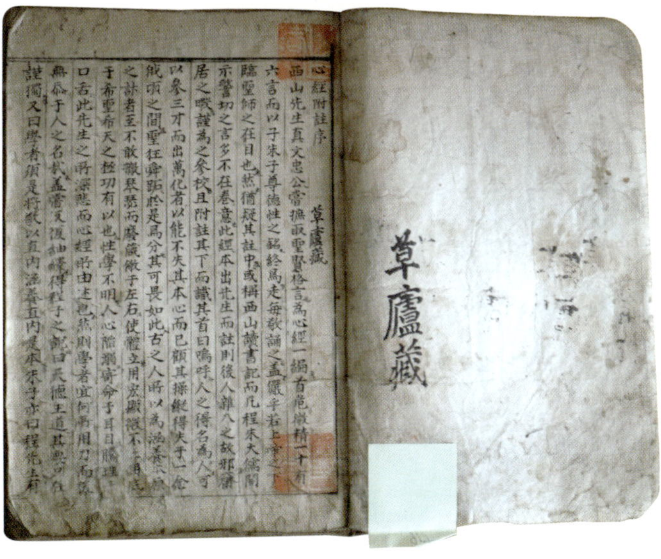

『심경부주』

다. 이에 대해 이황은, 주희가 그렇게 말한 것은 당대의 학자들이 도문학에 지나치게 천착한 데에 대한 우려 때문이었을 뿐, 그의 입장은 일관되게 병행을 강조하고 있다는 것이다.

> 황돈이 주자가 존덕성의 강조를 통해 그 학문의 폐단을 고치려 했다는 말은 그리 나쁘지 않다. 그러나 황돈이 주자가 말년에 도문학을 거의 폐하고 오로지 존덕성만을 강조한 것을 만년정론이라고 말한 것은 옳지 않다. 단지 그 학문의 폐단을 고치려 한 것이라면 어떻게 다른 한쪽에 편중될 수 있겠는가? 여기에 모아 놓은 열두 단락의 말은 모두 주자의 만년정론이라고 하지만 석자중과 정윤부 등의 글은 40세 이전에 이미 저술한 것이고, 만년에 학문의 폐단을 고치려 한 의도로 쓴 것은 아니다.
>
> 『천사선생전집川沙先生全集』 권7, 『심경강록간보心經講錄刊補』, 「제사편第四篇」

그런데 이 부분은 조금 달리 볼 여지도 있다. 이황이 병행을 기본적으로 말하고 있긴 하지만 주정을 통한 존덕성공부를 강조하는 면도 없지 않기 때문이다. 이는 그가 『심경』에 심취하던 때에 주희의 스승이었던 연평延平 이동李侗(1093-1163)에 대한 흠모, 이에 따른 정좌구중설靜坐求中說에 대한 관심과 무관하지 않다.

3) 마음공부의 요체: 정좌구중靜坐求中과 경공부敬工夫

이황은 1554년 『연평답문延平答問』의 발문을 쓰는데, 여기서 그는 이동을 안회에 비견되는 인물이라 평하고 주희가 이동을 만나면서 심법의 오묘함을 알게 되었다고 했다. 즉 정좌는 이정二程에게서 비롯되어 이동과 주희에게서 심학의 본원이 되었고, "연평의 '묵묵히 앉아서 마음을 맑게 하여 천리를 체인한다'는 설은 학자가 책을 읽고 이치를 궁구하는 방법에서 가장 중요한 것이다."라고 하여 이러한 마음수양공부가 독서사물공부의 전제가 됨을 은연중에 드러내고 있다. 따라서 이 부분을 그냥 병행으로 처리하면 이황의 견해를 단순화시키는 면이 없지 않고, 오히려 주희의 견해와 다르지 않은 결과를 낳게 된다.

사실 이상정은 이황의 리우위적 측면을 견지하고 있지만 지나친 편중에 대해서는 경계하고 있다. 앞서 언급한 심성에 대해서도 그러하다. 김종덕은 이러한 이상정의 입장을 충분히 숙지하고 있었으며, 그 자신 또한 이에 동의하고 있었을 것으로 짐작된다. 반면 오히려 이황의 입장에 근접한 생각을 읽을 수 있는 부분도 있다. 그는 우리가 학문을 성취할 수 없는 것은 경전을 통한 문구나 자의에 대한 강론에만 치중한 결과라고 비판하며, 성인의 절실한 말은 '주일무적主一無適'의 방법으로 터득될 수 있다고 보았다. 이는 마음수양공부를 독서사물공부에 전제되어야 할 것으로 이해하고 있는 것이다.

산속으로 들어와 들은 바를 곰곰이 생각하니 사람들이 학문을 성취하지 못하는 것은 모두 책을 읽고 강론을 듣는 것에만 치중했기 때문이다. (책에 있는) 성현의 절실한 말을 종일 읽는다고 하더라도 문구文句의 어렵고 쉬운 것이나 자의字義의 같고 다름 정도만을 따질 뿐 성현의 '주일무적主一無適'의 방법을 터득하는 데에는 소홀한 것이 있다.

『천사선생문집川沙先生文集』 권2, 「답대산선생答大山先生」

그리고 그는 이러한 마음공부에도 이황이 언급한 정좌구중설을 따르고 있다. 다만 이는 미발未發, 즉 감정이 일어나기 전에 할 공부로 국한되며, 이발已發, 즉 감정이 일어날 때에는 독서사물공부가 병행되어야 함을 말하고 있다.

내 생각에 중中이라는 것은 성性의 덕德과 도道의 체體를 형상화한 것으로 미발未發 전에는 서로 섞여 어디에도 치우침이 없는 중中의 상태가 되는데, 이러한 경지는 비록 범인凡人의 마음이라 하더라도 없을 수 없다. … 아무리 몸을 정좌靜坐하여 마음을 발휘하려고 해도 평소 고민하던 일이나 고통스런 일 등 바깥 일만 떠오를 뿐, 집중하여 어디에도 치우치지 않고 의지하지 않는 것을 볼 수 없으니, 이른바 존양공부存養工夫가 손에 잡히지 않았다. 옛날에는 반드시 그러한 것은 아니었는데 지금은 더욱 심해진 것을 깨닫게 되었다. 이 병을 고치기 위해 분수 밖의 다른 방법을 동원하지 않은 채 중中이 움직이는 곳을 정밀하게 살피는 일을 계속해서 반복하니 본연本然의 천天에 위배되지 않고도 오랜 타성이 자연히 사라져 마음은 안정되고 기氣가 제자리를 잡는, 이른바 미발의 중을 보게 되었다.

『천사선생문집川沙先生文集』 권2, 「상대산선생上大山先生(壬午)」

물론 여기에서도 김종덕은 미발 때의 공부를 우선시해야 한다고 강조했다. 즉 미발이라고 해서 감정의 싹이 없는 것은 아니라는 말이다. 감정이 일어나지는 않았지만 그 감정이 일어날 수 있는 싹은 잠재되어 있다는 것이다. 그러니 마음에서 감정이 일어나기 전에 계신공구戒愼恐懼를 우선해야지 감정이 일어날 때를 기다려 성취하는 것은 이미 늦은 것이라고 했다.

> 만약 마음이 적연寂然하여 처음부터 희노喜怒의 싹이 없다면 단지 사람들은 자기 자신에 대해서도 모르는 것에 한정되지 않고 알 수 있는 것도 없게 되어 듣거나 보는 것도 없게 된다. … 배우고자 하는 이들은 희노애락喜怒哀樂이 발하기 전에 우선 계구戒懼를 해야지 발한 후를 기다려 성취할 수 없는 것이다.
>
> 『천사선생문집川沙先生文集』 권2, 「상대산선생上大山先生(甲申)」

> 미발未發일 때 곧은 자세로 주재하여 모든 것을 살피며 관장하게 된다면 일용日用의 근본과 서로 접목할 수 있을 뿐만 아니라 일용이 근거할 곳을 마련할 수 있게 된다. 그런 다음 고요한 상태에서 올바르고 분명한 공부를 하게 되면 행동하는 데에 큰 도움을 얻을 수 있는데, 행동 또한 고요함의 도움을 받지 않을 수 없기 때문이다.
>
> 『천사선생문집川沙先生文集』 권2, 「상대산선생上大山先生(丁亥)」

인용문을 보면 그는 견문처見聞處를 이발에 두고 미발에 두지 않는다면 정미함을 얻지 못한다. 이런 점에서 자사子思나 주희朱熹가 말한 '부도불문不覩不聞', 즉 자신을 보지 못하고 진리를 듣지 못하는 것도 바로 희노애락喜怒哀樂의 미발 상태를 의미한다. 즉 눈으로 보고 귀로 듣기 전에 계구戒懼하라는 요구를 담고 있는 것이다. 이는 마치 전쟁이 일어나기 전에 미리 대비하는 것처럼 마음수양공부 또한 일어날 때를 미리 대비하여 준비하는 것이 필요하다는 뜻이다. 이러한 마음의 상태가 된 다음에 독서사물공부를 하여 그 옳은 뜻을 얻으면 이는 행동을 할 때에도 올바름을 얻는 데 도움이 된다는 것이다.

이러한 과정을 통해 김종덕은 다음과 같은 결론에 도달한다. 즉 마음에 일어난 모든 욕망을 '경敬'으로 다스리되 이를 현실에 실천해야 한다는 것이다.

> 마음은 모든 변화의 근본으로 좋아하는 곳을 따르기 마련이므로 머릿속의 생각으로 잡을 수 있는 것은 아니다. 또 마음은 한 몸의 주인으로 이목구비耳目口鼻에 의해 활용되지만 그것은 마음 밖에서는 순환하지 않는 일정한 법칙을 갖추고 있다. 따라서 마음을 놓아 잃어버리지 않는다면 일은 절도節度를 얻게 된다. 공부工夫도 본말本末의 순서가 있기는 하지만 궁극의 목표는 '경敬'에 있다. 이것은 의관을 바르게 하여 남을 존중하는 자세를 갖추고 일의 일관성을 유지하는 데에서 벗어나지 않는다. 오로지 그것을 현실에서 실천을 위해 매진한다면 체용體用과 본말本末을 얻어 모든 일이 절도節度를 얻게 될 것이다.
>
> 『천사선생문집川沙先生文集』 권3, 「상대산선생上大山先生(辛丑)」

마음은 감정의 영역이기에 이성적으로 제어되기가 쉽지 않다. 그렇기에 순선한 마음을 놓아 잃어버리지 않는 것이 중요한데, 여기에 가장 중요한 방법이 경공부敬工夫라고 했다. 즉 정제엄숙整齊嚴肅을 우선하여 주일무적主一無適으로 일관해야 한다는 것이다. 다만 그는 이러한 주장이 이론과 논쟁에 그치기보다는 현실에 밀착된 결과물을 도출하기를 바라는 마음이 더 컸던 듯하다.

그래서 독서를 할 때에도 늘 체인體認과 행처行處를 병행해야 한다고 강조했다.

> 도道란 하늘에 근원하여 사물에 이르기까지 널리 응하고 일일이 합당하여 좋은 결과에 이르는 데 있다. 이는 처음과 끝이 일관됨을 아는 것과 같다. 독서를 할 때에는 체인體認과 함께 행처行處를 병행하는 것이 중요하다. 이는 마치 물이 나무 가운데를 흐를 때 어떤 것에 막히거나 통하지 않으면 그것을 없애 유유하게 흐르도록 하는 것과 같다.
>
> 『천사선생문집川沙先生文集』 권2, 「상대산선생上大山先生」

이상의 내용을 정리하면, 김종덕은 성인됨을 위한 학문을 목표로 하여 위기지학에 전심했다. 과거지학에 미련이 없지 않았지만 스승 대산 이상정을 만나면서 평생의 학은 여기에 있다고 보았다. 이를 위해 그는 주자학의 격물궁리와 거경함양을 중요한 공부법으로 삼되 정좌구중을 통한 경공부를 우선시하고 더불어 사서, 그중 『대학』을 중시하는 독서사물공부에 매진했다. 이는 스승의 설을 넘어 퇴계 이황의 학문에 닿아 있으며, 이를 더욱 올곧게 계승한 면이 없지 않다.

3 스승 대산의 학맥을 잇다

이황의 퇴계학파는 흔히 직전 제자로 불리는 조목, 김성일, 류성룡, 정구에게서 확산된다. 즉 조목은 이준·조우인 등으로, 김성일은 장흥효·이현일 등으로 이어지며, 류성룡은 정경세·류진 등으로, 정구는 허목·장현광 등으로 이어진다고 보는 것이 일반적이다. 이 중에서 특히 김성일 학맥은 안동을 기반으로 한 퇴계학파의 가장 중심 학맥으로 많은 학자들을 배출했다. 앞서 언급한 장흥효를 시작으로 외손인 이현일과 그의 아들인 이재, 그리고 그 외손인 이상정으로 이어지면서 뚜렷한 학맥을 형성하게 되었다.

특히 이상정은 그 문하에 많은 학자들을 배출함으로써 이러한 기반을 더욱 확고히 하는 데 기여했다. 뿐만 아니라 남한조를 거쳐 류치명으로, 다시 김도화, 김흥락, 이진상으로 이어지면서 19세기 근대전환기를 주도한 인물들이 등장하게 된 출발점이 되었다.

김종덕은 바로 이 김성일 학맥의 정통을 이은 이상정의 대표적인 직전 제자이다. 『고산급문록高山及門錄』에서는 그를 이렇게 적고 있다.

> 김종덕의 자는 도언, 호는 천사, 안동인, 사촌에 살았다. 갑진년에 태어났다. 총명이 뛰어나고, 타고난 바탕이 도에 가까웠다. 기묘년에 여러 아우들과 선생에게 배우러 갔다. 선생이 높이 예우하고 은연중에 학문 전통을 전하려는 뜻이 있어 손자 병운에게 명하여 공에게 배우게 했다. 선생이 『퇴서절요退書節要』를 편찬할 때 많은 편지 왕래를 통하여 도왔다. 사람들이 "문하에 누가 학문을 좋아합니까?"라고 물으면 선생은 첫째로 공의 독실함을 칭찬했다. 선생이 돌아가실 때 일어나 앉지 못했으나 공이 오는 것을 보면 반드시 부축하여 일으키게 하고 관을 썼다. 선생이 돌아가실 때에 상복을 입었다. 국자를 선발할 때 경학으로써 금부도사에 제수되었다. 74세에 운명했다. 『문집』, 『성학정로』, 『초려문답』, 『공문일통』의 저술이 있다.

그의 학문적 독실함과 이에 대한 이상정의 믿음이 잘 드러나 있다. 여기서 학문적 독실함이란 말할 것도 없이 이상정의 학문적 전통을 잘 계승하고 있다는 뜻이 될 것이다. 이를 보면 김종덕은 대산 문하에 머물며 스승의 사상을 충실히 계승하면서 다음 세대를 기약하는 데에 중요한 가교 역할을 담당했음을 짐작할 수 있다.

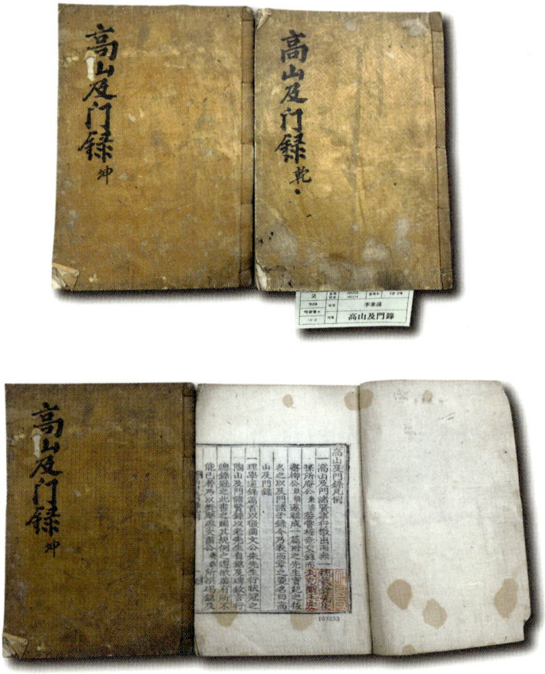

『고산급문록』(계명대 동산도서관 소장)

그런데 학계에서는 앞서 언급한 대로 이상정의 학통이 남한조에서 류치명으로 계승된다고 보는 것이 일반적이다. 이 학맥은 손재損齋 남한조南漢朝(1744-1809)가 이상정의 문하에 있을 때 동암東巖 류장원柳長源(1724-1796)과 각별한 관계를 유지했고, 이를 계기로 정재定齋 류치명柳致明(1777-1861)을 남한조에게 보내 배우도록 했던 사실에 근거한다.

그러나 남한조는 류장원 외에도 호문삼로라고 칭하는 김종덕·이종수와도 친밀한 관계를 유지했고, 이상정이 죽은 후 그들의 문하에 나아가 배움을 청하기도 했다. 거기에 학문적 영향 또한 없지 않았던 듯하며, 급기야 남한조는 김종덕의 제문에서 다음과 같이 적었다.

> 대산 문하에서 독실篤實과 강온剛溫으로 스승의 인정을 받은 이는 오직 선생이었다.
>
> 『손재선생문집損齋先生文集』 권14, 「제천사김공문祭川沙金公(宗德)文」

남한조는 김종덕을 '선생'이라고 칭하며 이상정으로부터 유일하게 인정받은 문인으로 평가했다. 물론 제문 말미에 문인으로 표기하지는 않았다. 그러나 이 제문의 말을 가벼이 여길 수 없다면 지금의 학맥은 실상을 온전히 담았다고 보기 어렵다.

그럼 왜 이러한 상황이 일어난 것일까. 송찬식은 이것이 관환官宦 중심의 이해에서 비롯된 것으로 본다. 병조참판을 지낸 류치명을 감안하여 남한조를 거쳐 이상정에 닿는 계보를 만들었는데, 학적 전승을 고려할 때 이상정과 남한조 사이에 김종덕을 넣어야 한다고 주장했다. 이는 1983년 8월 22일과 24일 대구 매일신문에 영남학맥 특집을 연재하면서 이상정의 적전으로 김종덕을 다룬 주장의 밑거름이 되었다. 이완재 또한 이러한 견해에 동의하면서, 다만 학문적 성격에서는 당시에 쟁점이 되었던 성리설보다 실천적 도학에 맞추어져 있었음을 강조했다.

퇴계학맥도

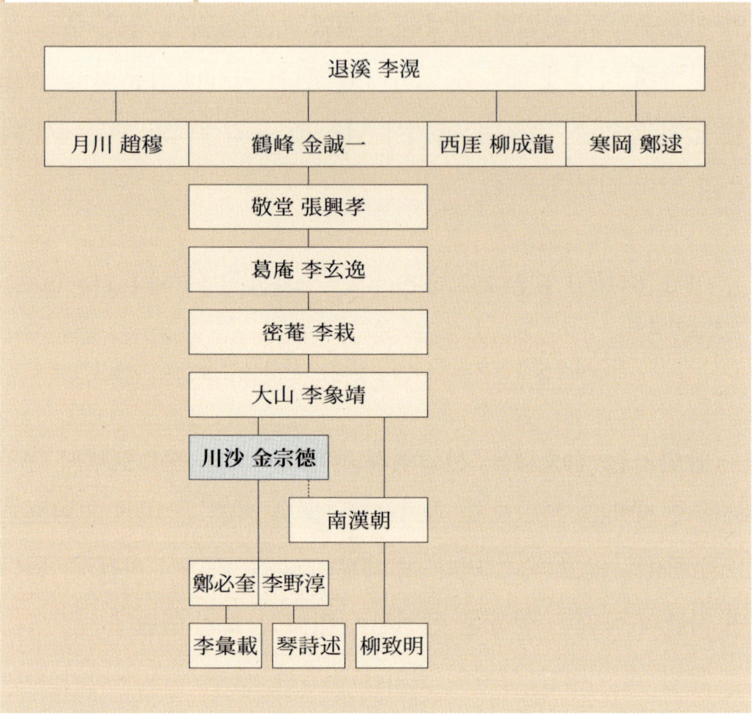

김종덕의 학맥적 위치를 어떻게 볼 것인가에 대해서는 아직 많은 논의가 필요하다. 앞 절에서 살펴본 바와 같이 그의 학문이 이상정에 뿌리를 두고 있음은 부정할 수 없고, 여기서 자신의 학문적 성격을 구축하고 있었다는 것은 분명해 보인다. 다만 이것이 문인들 사이에서 어느 정도의 영향력을 갖고 있었는지, 특히 남한조와 어떤 사상적 영향관계에 있었는지에 대한 구체적인 규

명이 선행되어야 한다. 그렇게 된다면 이는 그의 학문적 특징이, 크게 보면 이황의 학맥이 갖는 다양한 스펙트럼을 보여 줄 뿐만 아니라 이상정의 학맥에서 보면 류치명을 넘어 근대를 예고하는 데 중요한 맥락에 자리하고 있음을 확인할 수 있을 것이다.

여기에서는 자료 소개의 측면에서 간략히 언급하고자 한다. 흔히 예상되는 학문적 계승과는 달리 이상정의 사상은 이현일과 다른 학문적 격절이 드러나며, 이는 김종덕을 거치면서 새로운 국면을 맞게 되는 것으로 보인다. 이를 두 부분으로 나누어 살펴본다.

1) 갈암에서 대산으로

16세기에 이황과 기대승 사이에 벌어진 사단칠정논쟁은 성혼과 이이의 인심도심논쟁을 거치면서 이후 이황과 이이를 내세운 두 학파의 분립을 예고했다. 그 처음은 이이의 성리설에 근거한 율곡학파가 이황의 사상을 비판하는 데에서 비롯되었으며, 퇴계학파는 이에 대해 묵수적 태도로 일관하다 이현일의 이이 비판을 시작으로 본격적인 반격에 나서게 된다.

그 비판과 반격의 핵심은 도덕적 감정인 사단과 일상적 감정인 칠정을 혼륜渾淪으로 볼 것인가, 분개分開로 볼 것인가에 대한 입장 차이에 있었다. 여기서 말하는 혼륜은 칠정이란 감정 중 선한 부분만을 사단이라고 본다는 점에서 사단과 칠정은 하나의 감정일 뿐이라는 견해라면, 분개는 칠정이란 감정에 선한 부분만을 사단이라고 하지만 이는 엄연히 분리된, 마치 이웃한 두 감정이라는 견해이다. 당연히 이이는 하나의 감정으로 보는 혼륜의 입장을 강조한다. 반면 이현일과 권상일은 모두 분개의 입장을 강조한다. 물론 이것이 이이의 주장에 지나침을 비판하기 위한 것이든, 반대의 주장을 더욱 극단적으로 밀고 가기 위한 것이든 결과는 마찬가지였다.

이러한 대립 상황에서 이상정은 두 관점을 종합하여 회통하고자 했다. 그는 혼륜과 분개의 관점에 해당하는 선유들의 논거가 이황과 이이의 입장을 각각 대변하는 듯 보이지만, 사실은 이 두 관점이 이미 선유들의 말에 공존하고 있다고 지적한다. 따라서 어느 한 측면만으로 읽는 것은 편협한 생각을 만들 수밖에 없다고 보아 이황이 이미 제시한 통간通看의 관점으로 그 말의 본의에 집중하라고 강조했다.

그는 리와 기의 관계를 리주기자理主氣資로 설명한다. 즉 리와 기는 상호의존관계에 있으면서 리는 동정하는 주主가 되고 기는 동정하는 자資가 된다는 것이다. 여기서 전자는 이이의 입장을, 후자는 이황의 입장을 견지한 것이다. 이는 사단과 칠정에서도 마찬가지이다. 즉 사단과 칠정은 같은 정이지만 주된 바가 다르기에, 사단은 리를 위주로 하며 칠정은 기를 위주로 한다. 이는 혼륜과 분개의 관점을 동시에 고려한 것이다.

이러한 이상정의 견해는 리의 능동성을 부정한다는 점에서 이

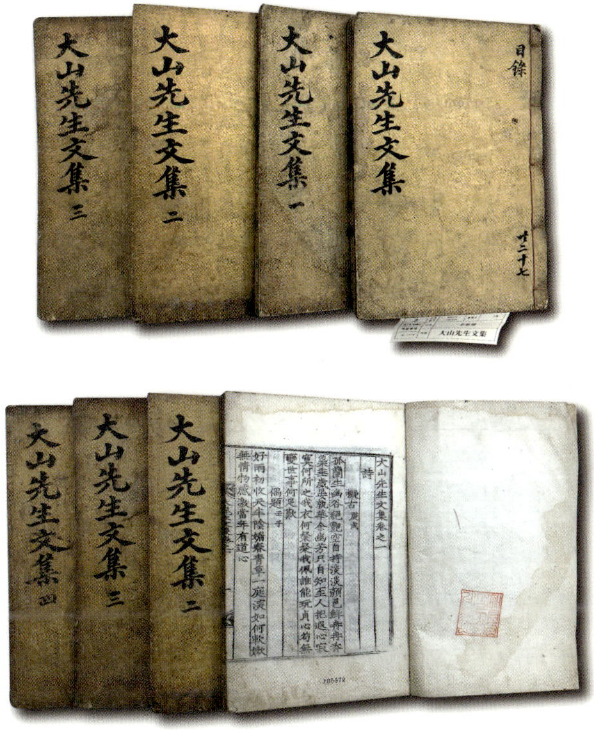

『대산선생문집』(계명대 동산도서관 소장)

황의 주장과 다르고, 분개를 인정한다는 점에서 이이의 주장과도 다르다. 더욱이 그는 분개와 혼륜 중 어디에도 편중되지 않는다는 점에서는 이들의 주장을 모두 부정하고 있는 셈이다. 결국 그는 이러한 두 입장을 회통시켜 모두를 긍정하려는 의도였다. 즉 혼륜의 입장에서는 사단과 칠정 모두 리발일 수 있고, 분개의 입장에서는 사단은 칠정에 포함되니 주리와 주기의 구분이 없을 수 없다는 것이다.

이는 이상정이 비록 이황의 퇴계학맥에 위치하지만 사실은 이이의 율곡학맥과도 교섭할 수 있는 여지가 없지 않았음을 보여준다. 어찌 보면 그는 이러한 사상적 분열을 봉합하기 위해 통합의 원리를 모색하고 있었던 것이 아닌가 짐작된다.

2) 대산에서 천사로

김종덕은 바로 이러한 이상정의 사상적 특징을 고스란히 물려받고 있다. 물론 성리설에 대한 논의를 많이 하지는 않았지만 일부 이견을 개진하는 것에서도 대체로 스승의 설을 묵수하는 경향을 보인다. 다만 그는 이러한 이론적 천착보다 심성수양에 관심을 갖고 이를 실천하는 데 좀 더 심혈을 기울였다.

문집을 보면 김종덕이 이상정에게 보낸 편지는 1759년에서 1781년까지 모두 37편이다. 이에 대해 이상정이 그에게 보낸 편지는 1760년에서 1781년까지 모두 41편이다. 여기에는 형제들에게 함께 보낸 17편이 포함되어 있다. 편지의 내용이 거의 학문과 관련된 것이며 역학이나 예학과 관련된 몇 편을 제외하면 대부분 심성수양의 문제를 다루고 있다.

그러면 이들의 편지를 통해 그들 간의 학문적 수수관계를 살펴보기로 한다. 우선 김종덕이 처음 이상정에게 보낸 편지를 보면, 스스로 본원을 함양할 수 있는 방법에 대해 가르침을 줄 것을 부탁하는 내용이다. 즉 이상정이 강조한 심무출입心無出入, 심은 출입하지 않고 내內인 몸에 있으나 외外인 사물을 배제하지 않다는 견해에 대한 의문에서 비롯된다. 이는 경공부를 어떻게 할 것인가와 관련되기에 더욱 중요한 문제였다. 이에 그는 '심무정주心無定主'라는 말의 의미를 새기며 본원의 함양처를 논한 것에 깊은 생각을 거듭했지만 본래부터 심지心地가 관대하지 못해 혼미함만 더할 뿐이라고 했다. 그러면서 여기에서 벗어날 수 있는 방법에 대해 알려 달라고 했다.

이에 대해 이상정은 너무 조급한 마음으로 함양공부를 하면 반드시 조장하는 폐단이 생길 것이라고 충고한다. 오히려 외적 행동의 바름을 통해 내적 마음의 바름을 얻을 수 있도록 여유롭고 차분하게 실천한다면 그 본원에 다가갈 수 있을 것이라고 했다.

김종덕은 1762년에 쓴 편지에서도 이러한 존양공부에 대한 자신의 견해를 펼치고 이에 대한 질정을 구하고 있다. 즉 『중용』을 읽고 '중中'의 의미를 파악했는데, 성性의 덕德이고 도道의 체體이니 미발 때에는 어디에도 치우침이 없는 상태로 범인들에게도 없을 수 없다고 전제했다. 이는 이상정의 '솔성지위도率性之謂道'에 대한 해석에서 성과 도를 달리 보아 성체도용性體道用이라고 하여 성은 혼연한 전체이고, 도는 성의 분파조리分派條里로 보는 데에 근거한다. 그러나 자신은 처음에 이런 경지를 경험할 수 없었다고 고백한다. 정좌를 했지만 일상의 잡된 생각이 자꾸 일어나 마음을 붙잡기 힘들었다는 것이다.

이에 대해 이상정은 마음의 평정을 찾지 못하는 것은 여전히 물욕에 대한 이끌림이 있기 때문이라고 했다. 이는 일상의 동정에서 계신공구戒愼恐懼, 즉 끊임없이 경계하고 삼가며 두려워하는 마음가짐을 잃지 않도록 노력한다면 충분히 미발의 중을 얻을 수 있을 뿐만 아니라 이발의 상태에까지 그 영향이 미칠 수 있다고 강조한다.

1763년에 쓴 편지에도 이와 비슷한 질문이 이어진다. 김종덕은 '수방收放'에 자신의 입장을 정리하여 질정을 구하고 있다. 『중용』을 읽는 과정에서 '수방'을 억지로 이루려고 하다 보니 말의 뜻만 겨우 이해할 뿐 진정한 의미를 터득하기는커녕 그 실천방향조차 찾지 못한 경험을 부끄러워하고 있다. 그러면서 스스로의 쇄신을 위해 낮은 곳에서부터 차근히 자신을 바로 잡고 이해하지 못한 부분을 힘써 노력하여 목표에 이를 것을 다짐했다.

이에 대해 이상정은 스스로를 반성하는 체찰體察의 태도는 학자들이 가져야 할 기본적인 도리이기에 자신에게 관대하지 않아야 한다면서 조급함의 병통에 그동안 진전이 있음을 칭찬하고 학문이 진전될수록 자신의 행동을 더욱 겸허하게 해야 한다고 강조했다.

여기서 김종덕의 아우인 종경이 한때 스승에 대한 지나친 찬미로 질책을 받았던 점을 떠올려볼 수도 있겠으나 이 문제로 한정시킬 필요는 없을 듯하다. 이는 공부하는 사람들이 대개 겪는 폐단이기에 미리 경계의 뜻으로 말한 것이라고 판단된다. 그러한 스승의 말 때문이었을까. 김종덕은 자신을 더욱 엄격하게 대하면서 마음공부에 대한 깊이 있는 논의를 계속한다.

1764년에 보낸 편지는 자사子思가 말한 '부도불문不覩不聞'의 의미를 미발과 이발의 관점에서 해석한 자신의 견해를 제시하고, 이것이 올바른 이해인지에 대한 질정을 구하는 내용이다. 대략적인 내용은 이렇다.

도道라는 것은 미발과 이발에 잠시도 소홀히 할 수 없는 만큼 공부에도 마찬가지이다. 계신공구戒愼恐懼는 동정動靜을 관통하는 공부법이지만, 선악의 기미가 있는 미발 때에 더 유효한 방법이다. 즉 감정이 드러나기 전에 이미 마음에 그 감정의 싹이 존재하기 때문이다. 따라서 배우는 자들은 미발 때에 계신공구를 우선해야지 이발 때를 기다려서 성취하려면 이미 늦게 된다. 자사나 주희가 말한 '부도불문'도 바로 이런 미발의 상태를 말한 것으로, 눈으로 보고 귀로 듣기 전에 계신공구하라는 뜻을 담고 있다.

이상정은 여기에 대체로 동의하고 있다. 그에게 한결같이 전한 핵심적인 내용이 여기에 모두 포함되어 있다고 했다. 즉 경공부를 중요한 요체로 삼되 미발의 상태에서 정좌하여 그 중절을 구하는 '계신공구'를 철저히 해야 한다는 것이다. 다만 이러한 전제에도 이발의 상태에서 하는 독서사물공부는 이에 대한 중요한 지침을 제공하기에 필요하다고 덧붙인다.

김종덕은 이러한 스승의 가르침에 따라 꾸준한 노력을 기울였던 것으로 보인다. 1781년 마지막 편지에서 그는 마음을 보존하는 방법에 대해 지난번에 당부한 '혈성血誠'의 요체를 찾기 위해 노력하다 그것이 '존심存心'에 있다는 확신을 갖게 되었다고 했다. 이는 바로 자신의 학문적 지향이 여기에 있음을 분명하게 드러내는 부분이기도 하다.

이에 대해 이상정은 그의 노력과 성취에 칭찬의 말을 아끼지 않으면서도 경계해야 할 부분이 있음을 다음과 같이 당부하고 있다.

지난번에 논한 '혈성血誠'이 있어야 비로소 진보가 있다는 말씀은 참으로 좋습니다. 다만 세상에서 혹 성심으로 학문에 뜻을 두었더라도 갈림길이 많아서 이따금 다른 곳으로 나아가는 사람들을 보았기에 제가 망언을 했던 것인데 아직 기억하고 있을 줄은 몰랐습니다. 다시 이 일을 거론하여 속학의 갈림길을 논한 것이 매우 자세하고 우리 학문의 갈 길과 공부의 목표를 가리킨 것이 매우 진실하니 요즈음 무엇에 마음을 쓰고 있는지 알 수 있습니다. 이대로 나아가서 어떤 것을 궁구할 때 깨닫기 전에는 결코 멈추지 않겠다는 의지를 가진다면 반드시 궁극의 경지에 도달할 것이니 매우 다행스럽습니다.

다만 정자程子의 문하에서 나온 용경用敬과 치지致知의 설은 참으로 학자들의 단전單傳이자 밀부密付인데, 이 두 가지에도 갈림길이 많습니다. 함양涵養을 주로 삼으면 치지致知를 번다하게 여기고, 궁리窮理와 격물格物에 힘쓰는 자는 함양을 본원本源으로 삼지 못하곤 합니다. 혹 두 가지를 힘써야 한다는 것은 대략 알지만 참으로 알아서 실천하여 마침내 극치에 이르지 못한다면 모두 이 학문의 경계에 나아가지 못하기는 마찬가지입니다.

함양을 주된 근본으로 삼아 의리義理에서 강구하여 발휘하고, 궁리는 진실하고 지극히 당연하며 평이하고 명백하게 되도록 하십시오. 가까운 곳에서 먼 곳으로, 낮은 곳에서 높은 곳으로 순서에 따라 나아가서 엽등躐等하지 않고 그만두지 않도록 하십시오. 집안에 항상 하는 일처럼 여겨 기이한 것을 좋아하거나 스스로를 다르게 여기려는 뜻이 있어서는 안 됩니다. 종신토록 행할 일로 삼아 빨리 하고자 하거나 조장하려는 마음이 싹트게 해서도 안 됩니다. 진실함이 많이 쌓이고 오랫동안 실천하면 인의仁義가 생생하게 드러나 온몸에 넘쳐흐를 것이며, 깊이 나아가 스스로 터득하면 일에 대처하는 것이 안정되고 깊이가 있게 될 것입니다. 이 경지에 이르러야 비로소 실제 득력得力하는 것이고 극치에 이르러 쉬는 경지이니 이것이 어찌 인생에 크게 쾌활한 일이 아니겠습니까.

『대산선생문집大山先生文集』 권26, 「답김도언答金道彦(辛丑)」

이 말은 스승의 마지막 당부가 아니었을까 싶다. 그는 김종덕에게 함양을 근본으로 삼되 의리를 궁구하는 것을 놓쳐서는 안 된다고 했다. 이어 하학상달의 순서를 잊어서도 안 되며 무엇보다 중요한 것은 엽등躐等, 즉 성급히 지나치는 잘못을 범하지 말고 오랫동안 차근히 실천하는 노력을 아끼지 말아야 깨닫는 바가 있을 것이라고 했다.

김종덕이 나이 66세 때인 1789년에 쓴 「만규명晩窺銘」에 이러한 내용이 집약적으로 드러나 있다. 이는 스승의 가르침을 충실히 따르고 있음을 재확인하는 부분이기도 하다. 그는 성현의 요체는 '경敬'과 '궁窮'에 있는데, 경敬은 전승된 것이 아니고 궁窮은 밖에서 찾을 수 있는 것이 아님을 전제한다. 그러면서 용모를 바

『천사선생문집』

르게 한 뒤 단정한 자세로 조금의 흐트러짐도 없는 상태에서 끊임없이 자신의 마음을 밝히는 것이 무엇보다 중요하며, 그렇게 되면 굳이 궁리를 기대하지 않아도 학문적 성과를 얻을 수 있을 것이라고 했다.

이러한 특징은 이상정의 문하에 함께 있었던 남한조를 비롯해 정종로, 그리고 그 제자인 이원조 등에게서 유사하게 나타난다. 비록 해석상의 차이가 있을 뿐 심성의 문제와 경공부의 관계, 그리고 이를 실천하는 데 힘쓰고자 했던 것은 같은 맥락에서 이해된다. 특히 그중에서도 남한조의 사상에서 두드러진 면이 없지 않다. 대표적인 예로 몇 가지만 들면 다음과 같다.

첫째, 성체도용론性體道用論으로, 솔성지위도에서 성과 도의 해석에 대한 견해이다. 성과 도를 분리하여 성은 혼연한 전체全體이고 도는 분파조리分派條理인데, 도에서 보면 혼연한 전체인 성이 도의 체이고 분파조리는 도의 용에 해당된다는 것이다. 이는 천명지위성天命之謂性과 솔성지위도率性之謂道의 자연스러운 연결을 통해 인간에게 천리天理가 드러나도록 하려는 의도였다.

둘째, 심무내외한론心無內外限論으로, 심무출입心無出入의 해석과 경敬의 문제이다. 심을 체용體用으로 나누어 배 속에 있는 것을 체, 보고 듣는 것을 용이라고 하여 심은 일신의 추뉴총뇌樞紐總腦이면서 천하만사를 해관운용該貫運用하니 심을 내외로 나눌 수 있되, 이를 한계 지을 수 없다고 했다. 그러니 경 또한 내외의 경계를 잊고 함께 고려되어야 한다는 점을 주장했다.

물론 이에 대해서는 아직 많은 연구가 뒷받침되어야 한다. 분명한 것은 이상정 문하의 여러 인물들이 이러한 논의에 적극적이었고, 그 결과 자신의 입론을 좀 더 구체적으로 형성할 수 있었다는 점이다. 특히 남한조의 이러한 견해는 이후 류치명을 비롯해 성호星湖 이익李瀷(1681–1763)과 그 문인들의 교유에도 일정 부분 영향을 주었다는 점에서 주목해야 할 부분이다.

제3장

천사 김종덕의 형제와 후손들

김종덕은 도평의공파의 지파 가운데 양진당파에 속한다. 양진당파는 김상린을 파조로 하며, 그 아들인 양좌·성좌·현좌 세 형제에서 비롯된다. 이 중 주손은 양좌에서 이규·두응·종익으로 그 대를 이었다. 이하 성좌는 이극·종응·종석으로, 현좌는 이모·남응·종덕으로 이어진다.

15세 김현좌金賢佐(1642-1692)는 자가 진경進卿이다. 배위는 김장金碾의 따님으로 광산김씨光山金氏이다. 그 사이에 4남 2녀를 두었다. 족보에는 그가 통덕랑을 지냈다는 기록이 있다.

16세 김이모金履模(1669-1745)는 자가 자경子慶이다. 선배위는 도이백都爾伯의 따님으로 팔거도씨八莒都氏이고, 후배위는 이수강李壽崗의 따님으로 진성이씨眞城李氏이다. 그들 사이에 2남 2녀를 두었다. 2남은 남응·동응이며, 2녀는 각각 김응화金應和·조승규趙承圭와 혼인했다. 족보에는 그가 통덕랑을 지냈다는 기록이 보인다.

17세 김남응金南應(1702-1762)은 자가 중여重余이다. 김상린의 증손이며 김현좌의 손자이다. 아버지는 김이모金履模이고 어머니는 이수강李壽崗의 따님으로 진성이씨眞城李氏이다. 배위는 김주의金胄疑의 따님인 순천김씨順天金氏이다. 그 사이에 4남 4녀를 두었다. 4남은 종덕宗德·종경宗敬·종발宗發·종섭宗燮이다. 4녀 중 막내는 요절했으며 그 외의 따님들은 각각 류태춘柳泰春·홍시정洪始挺·정수鄭樣와 혼인했다.

천사 김종덕의
형제와 후손들

1 사체 선생, 천사 김종덕의 형제

김남응은 천성이 후덕하고 효심이 깊었다. 아버지의 병으로 때가 아닌 은어를 구해 구완했다는 이야기가 전해진다. 어릴 때 아버지로부터 가학을 전승했다. 또한 이상정과 교유했는데 주고받은 편지가 『대산선생문집』에 전한다.

이러한 그는 아들 사형제를 두었는데, 배위인 순천김씨가 지당에서 여의주 네 개를 얻는 태몽을 꾼 뒤에 낳았다고 한다. 자녀 교육을 철저히 한 만큼 이들 모두 학행이 높았다. 유림에서는 네 형제를 '사체 선생四棣先生'이라고 부르며 칭송했다. 앞서 언급한 김종덕을 제외한 형제들을 자세히 살펴보면 다음과 같다.

방지(지당)

1) 김종경金宗敬(1732–2785)

둘째 김종경은, 자가 직보直甫이고 호는 구재苟齋이다. 선배위는 최구석崔龜錫의 따님인 경주최씨慶州崔氏이고, 후배위는 이극혐李克馦의 따님인 진성이씨眞城李氏이다. 그들 사이에 2남 4녀를 두었다.

그는 용모가 맑고 순수했다고 한다. 앞서 언급했듯이 형 종덕이 해마다 가을걷이가 끝나면 두 동생을 고운사로 보내 학문에 힘쓰도록 했다. 고운사는 이상정이 50대에 즐겨 이용하던 강학처였다. 여기서 경사자집經史子集을 읽는 데 익숙히 할 수 있었다. 20세 때인 1751년에는 이상정의 문하에 나아갔다. 스승, 동학들과 치열한 학문적 강론을 하는가 하며, 1767년 스승이 고산정사를 건립할 때 이종수와 함께 그 일을 주관했다. 그러나 스승에 대한 지나친 찬미로 오히려 스승의 질책을 받기도 했다. 이렇게 소호리에서 보낸 10년의 기간은 자신의 학문과 심성을 성숙하게 하는 중요한 계기가 되었다.

이상정은 이런 그를 다음과 같이 평했다.

> 지상志尙이 좋고 마음 씀이 독실하여 앞날의 행보가 기대된다.

김종경은 1774년 증광별시에 합격하여 가주서假主書로 관직에 나아간 뒤 공직자로서 모범을 보여 주었다. 『승정원일기承政院日記』에 따르면, 1781년 6월 24일에 함인정에서 왕과 신하들이 모여 경서를 강독할 때 영의정이었던 서명선이 그와 동생 김종발의 인품을 칭찬했다는 내용이 있다. 또한 1783년 6월 9일에는 영남어사 심기태沈基泰가 지역 민정을 살피기 위해 암행한 결과 많은 관리들이 벌을 받은 가운데 정조가 "성현찰방 김종경은 치적뿐만 아니라 품행이 특이하고 빼어난 자질이 있으니 품계를 올려 주라."는 전교를 내린 기사가 있다. 그 이후 충의위부사과, 성균관전적, 사헌부지평에 임명되었으나 나아가지 않고 귀향했다.

김종경은 고향에 돌아와서 어머니를 봉양하며 그동안 미뤄두었던 학문에 전념했다. 그런 그에게 이상정은 『심경강록간보』의 교정을 맡긴다. 여기서 말한 『심경강록간보』는 『심경강록』의

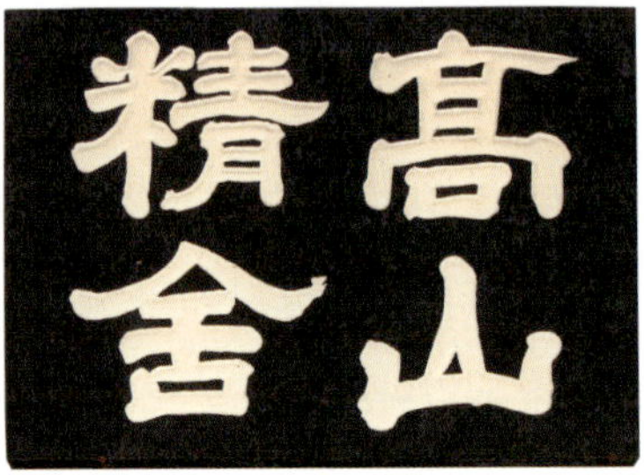

고산정사 현판

교정본을 가리킨다. 원래 이덕홍李德弘과 이함형李咸亨이 『심경』 중에 어려운 부분을 이황의 학설을 참고하여 주석한 『심경강록』을 완성했으나 이를 교정하지 못한 채 세상을 떠났다. 이에 이상정은 그에게 이 일을 맡겨 완성하도록 했던 것이다. 안타깝게도 그는 이를 마무리하지 못한 채 생을 마감했다. 이후 동생 김종섭이 이어받았으나 유명을 달리했고, 급기야 형 김종덕이 이를 맡아 완성하게 된다.

그런데 이상정이 김종경에게 이 일을 맡긴 것은 그의 학문과 무관하지 않다. 즉 심학에 특출한 데가 있었다. 『대산선생문집』에 수록된 편지를 보면, 이상정은 늘 "입지立志를 우선으로 하되 거경居敬과 궁리窮理를 길로 삼으며, 계속 독실篤實하고 간절懇切하게 행하면서 외물에 휘둘리지 않아야 한다. 이것을 따라가면 크게 성취할 수 있을 것이다."라고 당부했다. 그 또한 이러한 가르침에 따라 거경함양과 격물궁리에 대한 공부에 집중했던 것으로 보인다. 편지의 문목에 대한 내용이 주로 마음과 성정, 그리고 경공부의 필요성과 실천방법에 치중해 있는 것에서 이를 짐작할 수 있다.

> 보내온 편지의 내용은 억지스럽고 급박한 뜻이 있는 듯합니다. 반드시 이것을 내버리고 겸허한 마음으로 일상에서 책을 보고 몸을 단속하는 공부에 힘을 써서 절로 발전이 있도록 해야 합니다. 하나의 일이 아직 끝나지 않았는데 여러 생각이 서로 이어지는 것은 또한 통찰력이 있는 사람도 있는 문제입니다. 만약 억지로 버리려 하면 더욱 어지럽게 일어납니다. '경敬' 한 글자를 지니는 것이 바로 여기에 해당되는 처방입니다. 그러나 공부를 잘 행하지 못하면 또한 조장助長의 병폐가 쉽게 생겨납니다. 반드시 보고 듣는, 용모와 말하는 데에서 존양存養과 성찰省察의 공부를 더하여 깊이 젖어들면서도 나태함에는 이르지 않게 하고 치밀하게 단속하면서도 절박함에는 도달하지 않도록 합니다. 오직 뜻을 두는 것도 아니며 뜻을 두지 않는 것도 아닌 사이에서 돌보며 잊지 말아야 합니다. 이같이 오래 하면 자연히 의리가 두루 미치고 심지가 굳어져 생각이 어지러워지는 근심이 점차 사라질 것입니다.
>
> 『대산선생문집大山先生文集』 권30, 「답김직보答金直甫」

김종경의 저술로는 『견문록見聞錄』과 『구재선생문집苟齋先生文集』이 있었다고 하나 현재 전하지 않는다. 다만 임필대任必大의 『강와선생문집剛窩先生文集』에 그가 지은 만사輓詞가, 후손인 김항회가 편찬한 『영남선유묵적嶺南先儒墨蹟』에 1784년 9월에 쓴 수신자를 알 수 없는 간찰이 실려 있다.

2) 김종발金宗發(1740-1812)

셋째 김종발은, 자가 경온景蘊이고 호는 용연容淵이다. 배위는 이헌주李憲周의 따님인 여주이씨驪州李氏이다.

그는 어려서부터 재능과 지혜가 출중했다. 20세 때인 1759년에 동생 종섭과 함께 이상정 문하에 나아갔다. 주로 성리학에 관심을 두었던 듯하나 이상정은 형들과 마찬가지로 그에게도 조존操存과 수성修省의 공부를 실천의 중요한 학문방법으로 제시하고 있다. 그는 이러한 가르침에 따라 지知와 행行의 문제에 몰두했던 것으로 보인다.

> 아는 것과 행하는 것이 두 가지로 구분된다는 의문을 제기했는데, 이렇게까지 살펴보는 것은 쉬운 일이 아닙니다. 그러나 그대는 나이가 아직 어리고 학문도 아직 깊지 않으니, 어찌 이러한 수준에서 벗어날 수 있겠습니까. 오직 고개를 숙이고 마음을 낮추고서 착실히 노력하며 오랫동안 지속하여 점차 젖어들어 배우 익숙한 경지에 이르게 되면 자연히 하나로 융합될 것입니다. 그러니 공효를 헤아려 미리 근심과 의구심을 자아낼 필요가 전혀 없습니다. 이것은 공자가 말한 한계를 긋는 것이며 맹자가 말한 조장助長의 병폐이니, 반드시 경계해야 합니다.
>
> 『대산선생문집大山先生文集』 권34, 「답김경온答金景蘊(癸未)」

이어 1777년에 증광별시에 급제하여 가주서로 관직에 나아갔다. 1779년 장릉별검을, 1782년에 종부시주부 등을 역임했다. 1797년에 사헌부지평과 이어 장령에 임명되었으나 병을 핑계로

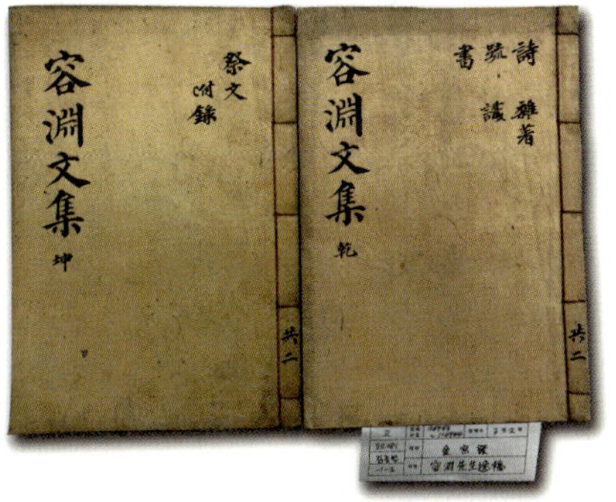

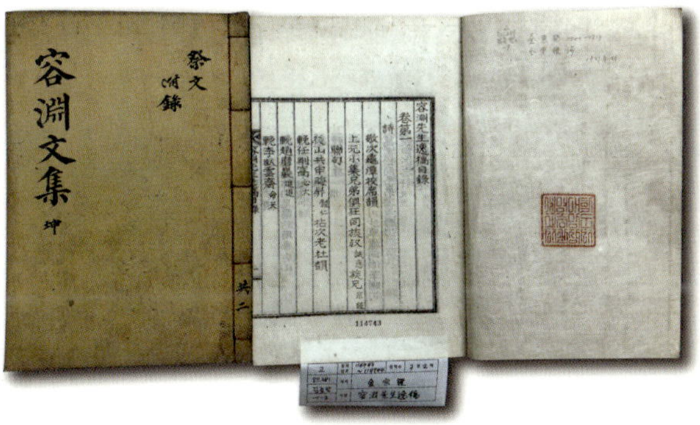

『용연문집』(계명대 동산도서관 소장)

사직서를 올려 나아가지 않았다.

김종발은 형과 마찬가지로 고향에 돌아와 류장원, 이우李堣, 황학黃澩 등 동학들과 함께 스승의 학설에 근거하여 자신의 학문을 세우는 데 매진했다. 또한 『일성록日省錄』에 의하면, 원자元子의 올바른 교육을 위한 기구를 청원하거나 동궁東宮 관료들의 올바른 근무를 위한 대책을 상소하는 등 현실에 대한 적절한 관심도 유지했던 것으로 보인다. 그뿐만 아니라 세 형제가 죽자 집안의 자제들에게 그들의 유집 초고를 보존할 것을 당부하여 가학을 전승할 수 있도록 했다. 이러한 노력이 있었기에 그나마 이 정도의 자료라도 보존될 수 있었던 것이다. 그는 73수를 누렸고, 묘는 의성군 점곡면 송내리에 있다.

그의 저술로는 『유가요람儒家要覽』 3권과 『예서禮書』 2권을 남겼다고 하나 현재는 전하지 않는다. 다만 『용연선생일고容淵先生逸稿』 4권 2책이 전하여 그때의 모습을 짐작할 수 있다. 이 책은 1941년에 5세손인 김기호金基鎬 등이 간행했다.

3) 김종섭金宗燮(1743–1791)

막내 김종섭은, 자가 홍보弘輔이고 호는 제암濟庵이다. 배위는 류형柳瀅의 따님인 풍산류씨豐山柳氏이다.

그는 어릴 때부터 조용하고 침착하며 총명하여 재능과 지혜가 뛰어났다. 시문에 능통해 13세인 1755년에 매화梅花를 감상하며 맏형 김종덕이 낸 운자에 시를 지을 정도였다. 그 시를 소개하면 다음과 같다.

춘삼월 봄소식 찬 매화에 이르니,	三春消息到寒梅
이미 동풍이 이 땅에 옴을 안다네.	已覺東風地上回

머리 돌려 함께 공부한 친구들 생각하니, 回首歷論同學子
누가 조갱調羹의 재주 있는지 알 수 없네. 未知誰是調羹才

김종섭은 1759년 셋째 형과 함께 이상정 문하에 나아가 배웠다. 당시 사서四書를 중요한 교재로 삼았던 듯하다. 특히『소학小學』을 중심에 두되『논어』와『맹자』를 중요하게 탐독하여 실천에 힘쓰고자 했던 것으로 보인다. 그러나 스승 이상정은 그 실천 또한 의리의 깊음을 함께 수반해야 올바른 실천에 이를 수 있다고 충고하고 있다.

보내온 편지에서 병통을 설명한 것이 매우 상세하고 약을 쓴 것이 매우 타당하니, 이대로 나아간다면 이후에는 다행히 나을 것입니다. 그러나 주자가 일찍이 "불행히 때를 지나쳐 배우는 사람은 큰 것을 공부하되 작은 것을 겸하여 보충하는 것도 무방하다."라고 말하였으니, 경敬이라는 한 글자가 바로 겸하여 보충하는 방도입니다. 참으로 때에 따라 수습하고 때에 따라 진작하여 일상의 행동하고 말하는 사이에서 항상 종사함이 있는 것처럼 하십시오. 그리고 의리를 밝힌 글을 가슴에 쏟아 북돋아서 오랫동안 차츰차츰 쌓으면 자신도 모르게 저절로 성취를 이룰 것입니다. 그런데 지금 오로지『소학』을 절도節度로 삼고『논어』,『맹자』 등의 책을 곁들이기만 한다면, 아마도 의리가 길러지는 성과가 깊지 못하고 한갓 메마르고 껄끄러워지는 근심만 있게 될 것입니다.

『대산선생문집大山先生文集』 권35,「답김홍보答金弘輔」

그는 1768년 생원시에 합격했다. 이어 성균관에서 공부할 때인 1775년에는 전강殿講 대상자로 뽑혀 왕이 참석한 집경당緝慶堂

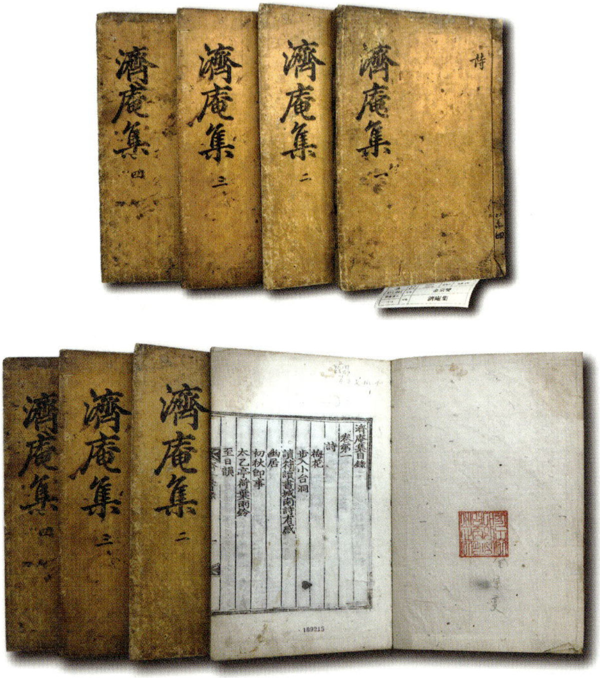

『제암집』(계명대 동산도서관 소장)

에서 좋은 점수를 받아 교육 기간을 단축시킬 수 있었다.

그러나 김종섭은 벼슬길에 더 이상 뜻을 두지 않았고 오히려 고향에 돌아와 위기지학을 학문의 목표로 심성수양에 전념했다. 스승 이상정을 비롯해 이종수, 류장원, 정종로, 김굉, 류범휴, 이만운, 류성휴, 조우원 등과 함께 직접 만나 강론하거나 서신을 통해 의문을 해소하는 등 자신의 학문적 성숙을 이루는 데 힘썼다. 그러나 형 김종경이 남긴 미완의 작업인 『심경강록간보』를 편찬하던 중 49세의 짧은 생을 마감했다. 묘는 의성군 단촌면 관덕리에 있다.

그의 저술로는 『제암집濟庵集』 8권 4책과 『대산서절요大山書節要』 5권이 현재 전한다. 이 외에도 이상정과 문답서신을 모은 『사문기문록師門記聞錄』을 비롯해 이상정의 임종을 앞둔 50일간의 기록을 정리한 『대산선생고종록大山先生考終錄』, 향촌사회의 무속 신앙을 확인할 수 있는 『사촌동신문沙村洞神文』 등을 남겼다.

2 천사 김종덕의 후손들

김남응은 그의 아들 종덕에게서 경진으로 이어진다. 그러나 경진에게 아들이 없어 사촌 천진의 아들을 양자로 받아들여 종손의 대를 잇게 되었다. 이 아들이 바로 양관이다. 그는 다시 영유에서 수욱, 주종을 거쳐 현 종손의 아버지인 호균浩均으로 이어진다. 이들에 대한 개괄적인 소개를 하면 다음과 같다.

1) 19세 김경진金慶進(1752–1794)

김경진은, 자가 일장日章이고, 호는 성탄聲灘이다. 초휘는 경絅이다. 배위는 권사겸權思兼의 따님인 안동권씨安東權氏이다. 그 사이에 아들이 없어, 사촌 천진川進의 아들인 양관을 양자로 받아들여 종손의 대를 이었다.

김경진은 이상정의 문하에 나아가 학문을 배웠다. 그 또한 아버지의 뒤를 이어 과거에 뜻을 두지 않고 평생 위기지학에 심취했다. 특히『심경』,『근사록』등 성리학에 조예가 깊었다. 이야순, 최화진崔華鎭, 이주정李周禎, 이우강李宇綱, 이종주李宗周 등과 교유했다. 그는 44세의 이른 나이에 세상을 떠났으며,『사서집해재四書集解載』·『류대야건휴柳大野建休』·『송현사서집해평宋賢史書集解評』등을 남겼다고 하나 지금은『성탄유고聲灘遺稿』만 전하고 있다.

2) 20세 김양관金養觀(1776-1829)

김양관은, 자가 이교以敎이고 호는 금주錦州이다. 생부인 천진川進은 종발의 아들이었으며 어머니는 최주진崔周鎭의 따님인 경주최씨慶州崔氏였다. 배위는 호곡壺谷 류범휴柳範休(1744-1823)의 따님인 전주류씨全州柳氏이다. 그 사이에 1남 2녀를 두었다.

그는 김종덕의 손자가 되어 20세 종손으로 가학을 계승하면서도 외증조부인 백불암百弗庵 최흥원崔興遠(1705-1786)의 문하에서 수학함으로써 학문의 진전을 이루었다. 이러한 사실 외 그에 대한 기록은 찾을 수 없다. 다만 양부인 경진과 교유했던 광뢰廣瀨 이야순李野淳(1755-1831)이 보낸 2통의 편지에서 그에 대한 단편적인 사실을 확인할 수 있다.

우선 첫 편지는 김양관, 김양휴의 가정에 우환을 위로하는 내용이다. 그들의 춘부장이 과거 자신의 형제가 병에 걸렸을 때 보살펴 준 것에 대해 고마움을 표했다. 이어 진실한 공부는 남에게 의존하지 않고 스스로 묵묵히 하는 데 있는 것이니 학문에 더욱 정진할 것을 당부하고 있다. 다른 하나는 1805년에 보낸 편지이다. 김양관이 집안의 우환으로 여념이 없음에도 선조의 저술에 감발했다는 소식에 이것이 바로 조술祖述의 뜻이라며 격려하는 내용이다.

김양관의 저술 또한 병화로 거의 소실되었다. 현재 전하는 것은 몇 편의 편지와 만사가 전부이다. 즉 황학에게 보낸 만사, 1823년 8월 정필규에게 보낸 편지, 1825년 12월 11일에 류柳 생원에게 보낸 편지, 족제族弟인 김양휴金養休가 지은 만사 등이다. 이 중 김양휴가 쓴 만사의 일부를 들면 다음과 같다.

> 의관을 정제하고 후현 선영에,
> 해마다 성묘 행차 효사로 정해졌네.
> 대들보 무너지니 참지 못할 눈물에,
> 큰일 목표 세워 계책을 도모했네.
> 유자정은 오히려 지금도 완연한데,
> 하늘은 이 댁에 큰 사람을 앗아갔네.
> 산신령도 자손의 뜻을 헤아렸다면,
> 조만간 세상 떠남에 용납하지 않으리.
>
> 『율원선생유고栗園先生遺稿』, 「만사輓詞」

3) 21세 김영유金永裕(1818–1867)

김영유는, 자가 영백永伯이다. 선배위는 고회겸高晦謙의 따님인 개성고씨開城高氏이며, 후배위는 김한운金漢運의 따님인 의성김씨義城金氏이다. 그들 사이에 3남 2녀를 두었다.

그는 너그럽고 후덕한 품성에 옳은 일을 행하는 데 독실했다. 평소 부모에게 효성스럽고 친족 간에 우애도 깊었다고 한다. 족부인 김양휴의 문하에서 수학했고 학문이 뛰어났다.

4) 22세 김수욱金壽旭(1852–1902)

김수욱은, 자가 경승景升이고 호는 좌산左山이다. 아버지는 영유이며 어머니는 의성김씨義城金氏이다. 그에게는 세 명의 부인이 있었다. 선배위는 통덕랑을 지낸 이순희李淳曦의 따님인 한산이씨韓山李氏이다. 후배위는 김정상金定相의 따님인 광산김씨光山金氏와 정대영鄭大永의 따님인 동래정씨東萊鄭氏이다. 아우는 수창壽昶과 수엽壽曄이다. 수창은 병종炳鍾·호성浩聲·항회杭會로, 수엽은 락종樂鍾·호증浩增·순회淳會로 이어진다.

그는 아버지처럼 성품이 온화하며 효성스럽고 우애가 돈독했다. 김흥락의 문하에서 수학했는데, 문학과 예학에 밝았다.

1894년 당시 일본은 청일전쟁 이후 이듬해 8월 명성황후를 시해하고 친일정권을 앞세워 탄압을 가속화했다. 이에 반발하며 전국적으로 의병이 일어났는데, 안동에서는 김도화金道和를 의병

병신창의기적비에 있는 의성대장 김상종 격문

대장으로 한 의진이, 영양에서는 김도현金道鉉을 중심으로 한 의진이, 진보에서는 허훈許薰을 중심으로 의진이 결성되는 상황이었다. 이때 의성에서는 김상종을 중심으로 의진이 결성되었다. 김상종의 동생인 김회종은 당시의 상황을 기록한 『병신창의실록丙申倡義實錄』을 남겼는데, 여기에 김수욱은 소모장으로 참여했음을 증언하고 있다.

김상종 의진은 황산黃山을 중심으로 활동했으나 1896년 3월 29일 일본군과 접전하여 분패하고 말았다. 이 전투에서 선봉장 김수담과 관향장 김수협 등이 순국하였고, 그는 비록 살아남았으나 일본에 요주의 인물로 지목되어 활동이 자유롭지 못했다. 이것이 울분이 되어 51세의 나이로 세상을 떠났다. 1994년 50사단에서 문중산에 사격장을 건설할 때 제50향토사단장 육군소장

국가유공자증서

정재경鄭在卿이 묘비를 세웠고, 정부에서는 고인의 공훈을 기리어 1995년에 건국훈장을 추서했다.

5) 23세 김주종金冑鍾(1894-1960)

김주종은, 자가 원여元汝이고 호는 일암一巖이다. 초휘는 훈종勳鍾이다. 아버지는 수욱이며 어머니는 정대영鄭大永의 따님인 동래정씨東萊鄭氏이다.

그는 9세 때인 이른 나이에 아버지를 여의고 종손으로 천사의 가학을 계승하고자 노력했다. 17세 때인 1910년 경술국치를 당

천사 김종덕의 가계도

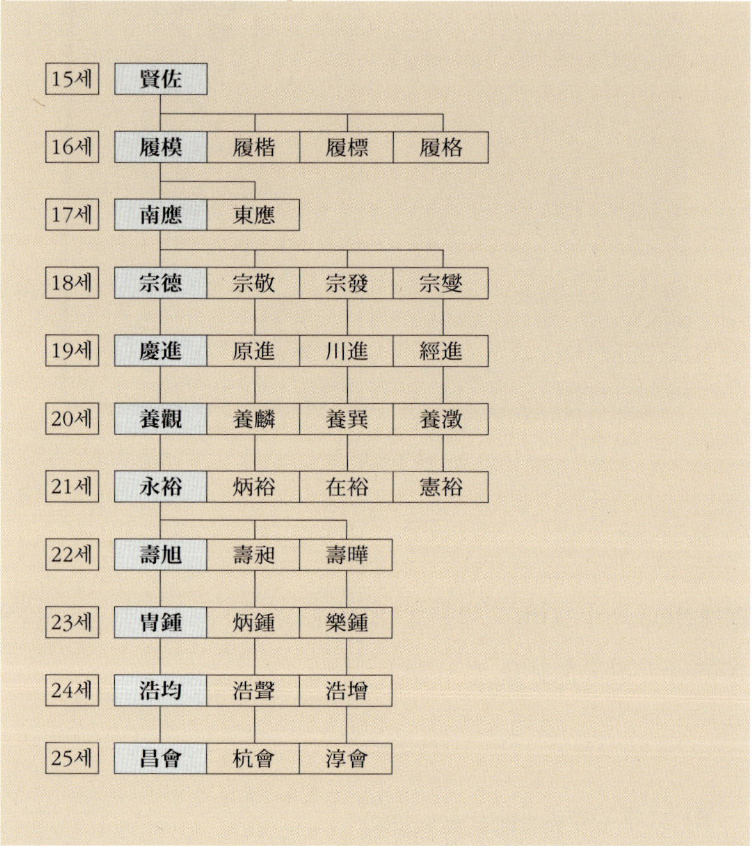

하자 집안의 내력으로 인한 일제의 감시가 심해 늘 불안한 삶을 살았다. 그런 가운데에도 1915년에 유림의 지원으로 천사 선생의 불천위를 주관하는 등 집안의 일에는 소홀함이 없었다.

1919년에 일제의 감시를 견디다 못해 전라도 금산(현재 충청도)으로 이거했다. 그곳에서 10년 동안 살았으나 가산을 탕진하여 처가의 도움으로 겨우 고향으로 돌아올 수 있었다. 1936년에 유림의 도움으로 『천사선생문집부록』 4권 2책과 『성학입문』 1책을 간행했다.

김주종은 광복 이후 1948년에 춘산면 대사리에 있는 덕양서원德陽書院의 복원을 주도하였고, 1954년에는 의성향교 전교와 경북 향교재단 부회장이 되어 향교의 보수는 물론 전후의 민심 수습에 앞장섰다.

제4장
종가의 문헌과 제례

1 종가의 문헌

김종덕의 저술은 1992년 계명한문학연구회에서 『천사선생전집』 7권으로 간행한 바 있다. 여기에는 종가가 소장하고 있던 『문집』 원집과 부록을 비롯해 『고증』, 『성학정로』, 『성학입문』, 『심경강록간보』, 『초려문답』, 『입본』을 수록하고 있다. 이 외에도 그의 문인록인 『유자정급문록』과 간찰, 통문 등 귀중한 자료들이 없지 않다. 이를 간략히 소개하면 다음과 같다.

1) 『천사선생문집川沙先生文集』

이 책은 김종덕이 세상을 떠난 지 9년이 지난 1806년에 문인

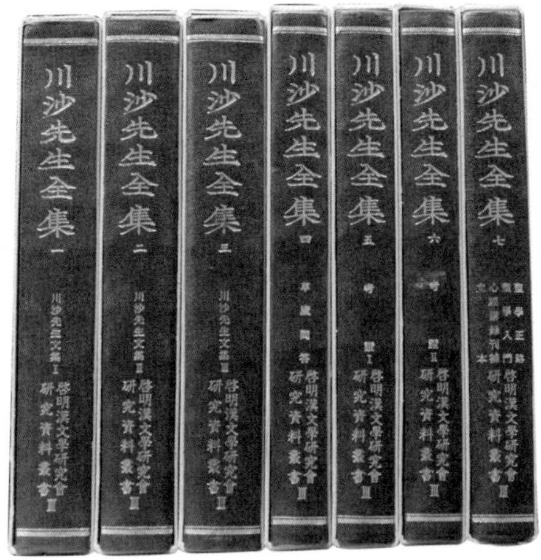

계명한문학연구회에서 간행한 『천사선생전집』

이자 종질인 김당진金堂進이 주도하여 목판본으로 간행한 것이다. 여기에는 그의 아우인 김종발의 노력이 컸다. 김종발은 형의 아들이 요절하자 유문의 수습을 가장 중요한 일로 여겼고, 이를 바탕으로 문집 간행을 위해 유사遺事를 작성했다. 이어 1797년 조카 김원진金原進을 정종로에게 보내 묘갈명을 청했다.

이렇게 해서 이루어진 문집 초간본은 모두 19권 10책이다. 일반적인 문집의 형태를 취하고 있으나 서序와 발跋이 없고, 편지가 대부분을 차지한다. 편지의 내용 또한 일상적인 안부보다 스승인 이상정을 비롯한 동학들과 그의 문인들 사이에 주고받은 학문적인 대화가 주류를 이룬다.

『천사선생문집』

그 대략을 살펴보면, 우선 권1에는 121제 150수의 시詩와 「의청대산선생원향소擬請大山先生院享疏」의 소疏가, 권2에서 권13까지에는 이상정에게 보낸 36편을 포함해 동학들과 아우들에게 보낸 400여 편의 서書가 수록되어 있다. 권14에서 권16까지에는 「인설의품仁說疑稟」·「계몽의문啓蒙疑問」 등 21편의 잡저雜著가, 권17에는 「아자입적서兒子入籍序」·「명아자명경광서命兒子名絅光序」 등 8편의 서序와 「정암기貞庵記」·「이계당중수기伊溪堂重修記」 등 4편의 기記, 「옥계유산록玉溪遊山錄」이 담겨 있다. 그리고 권18에는 「금재지琴材識」·「제재사례기권말題齋舍禮記卷末」 등 9편의 발跋, 「무계획잠毋計獲箴」 등 2편의 잠箴, 「좌우명座右銘」 등 3편의 명銘, 「뇌이근인당誄李近仁堂」 등 3편의 뇌문誄文, 「신관여애사申寬汝(弘敎)哀辭」 등 2

편의 애사哀辭, 「만취당선조행장고성문晩翠堂先祖行狀告成文」 등 3편의 축문祝文, 「제권보옹문祭權逋翁(德秀)文」·「제소암종숙부문祭素巖從叔父文」 등 26편의 제문祭文이 실려 있다. 마지막으로 권19에는 「행장行狀」이 수록되어 있다.

2) 『천사선생문집부록川沙先生文集附錄』

부록은 문집의 초간본 간행 이후 후손 김만종金萬鍾·김훈종金勳鍾 등이 정리한 것으로, 1936년에 4권 2책의 목판본으로 간행되어 유자정에서 장판했다.

그 내용을 간략히 살펴보면, 건에는 권1·2를, 곤에는 권3·4를 배치했다. 우선 권1에는 김청진이 편찬한 「연보年譜」가, 권2에는 1814년에 이병운이 지은 「행장行狀」, 정종로가 지은 「묘갈명墓碣銘」, 정필규가 작성한 「언행록言行錄」, 류숭조柳崧祚가 쓴 「행록行錄」, 김종발이 쓴 「기언記言」이 수록되어 있다. 권3에는 권성구權星耉·김종발 등이 기록한 「문인기문門人記聞」이, 권4에는 이종수李宗洙·류태춘柳泰春·신체인申體仁·김굉金埅 등이 쓴 「만사輓詞」 25편, 조술도趙述道가 쓴 「애사哀辭」와 김도행金道行·이만운李萬運·남한조南漢朝·이종유李宗儒·이야순 등이 쓴 「제문祭文」 28편이 수록되어 있다. 또 정박이 쓴 「유자정기孺子亭記」와 이만규李晩煃가 쓴 「부조고유문不祧告由文」이 있으며, 마지막에는 김호직이 편차와 간행경위를 쓴 발문跋文이 덧붙여져 있다.

『천사선생문집부록』(김항회 소장)

3)『고증考證』

이 책은 김종덕이 50세 때인 1774년에 편저한 것이다. 모두 12권 6책이다. 주희와 이황의 편지글 가운데 수양과 관련된 내용을 항목별로 정리했다.

서문에 따르면, 그는 주희와 그를 계승한 이황의 말이 모두 사람을 감발시키기에 충분한데, 특히 편지글이 이를 여실히 보여주기에 가장 적합하다고 판단했다. 다행히 '절요節要'로 그 핵심을 조목과 차례에 따라 정리해 두었으니 조용히 마음을 비우고 반복적으로 생각하여 익히면 그 마음이 천리와 하나가 되는 경지를 저절로 느끼게 될 것이라고 했다.

이렇듯 김종덕은 주희와 이황의 편지야말로 학문의 내용에 버금가는 중요한 의미를 담고 있다고 보았다. 즉 학문하는 태도와 방법에 관해서이다. 마침 주희의 편지를 이황이, 이황의 편지를 이

『고증』

상정이 절요로 정리해 두었으니 활용하기에도 편하다고 했다. 이에 그는 이러한 절요를 참고하여 긴요하다고 생각되는 구절을 다시 항목별로 분류하고 세목했다.

권1 비근卑近: 1개 세목
권2 지행知行: 16개 세목
권3 심성心性: 17개 세목
권4 리욕理欲: 12개 세목
권5 동정動靜: 7개 세목
권6 경敬: 5개 세목
권7 덕성德性: 14개 세목
권8 리기理氣: 10개 세목
권9 도道: 10개 세목
권10 조예造詣: 9개 세목
권11 범론泛論: 16개 세목
권12 출처出處: 11개 세목

다만 이 책은 이황의 『주자서절요』, 이상정의 『퇴계서절요』와 상당한 차이를 보인다. 그 이유를 김종덕은 두 책의 문제점을 제시하는 것으로 답했다. 첫째, 내용을 조목별로 나누지 않았고 두 선생의 초기와 후기의 설이 다름에도 이를 고려하지 않았기에 전체를 포괄하는 일관된 질서를 결여하고 있다. 둘째, 편차에 문제가 있는데, 시사時事와 출처出處는 배운 후 적용의 문제이므로 뒤에, 비근은 학문의 출발점이므로 앞에 두어야 한다.

이를 보면 그는 분명 학문에서 하학상달의 중요성을 인식하고 있었다고 판단된다. 즉 비근한 일상의 실천을 바탕으로 도와 같은 형이상학적 진리로 나아가는 것이 필요하다는 주장이다.

4) 『성학정로聖學正路』

이 책은 김종덕이 59세 때인 1782년에 지은 것이다. 공자의 문하에서 전승된 수신의 요결 중 적실한 것을 묶었다. 내용은 증자의 '삼귀三貴', 안자의 '사물四勿', 번지의 '인仁'에 대한 질문과 공자의 답변, 증자의 '삼성三省' 등에 대해 자신의 뜻을 부연하여 성학의 바른 길을 제시하고 있다.

기록에 의하면 이 책은 청송의 부강서원에서 간행되었는데, 1849년에 초간본이 나왔고 1909년에 중간되어 널리 전해지게 되었다고 한다. 당시 이상정의 『약중편約中篇』, 류치명의 『주절휘요朱節彙要』와 함께 간행했다. 김흥락金興洛은 이 책으로 인해 자신

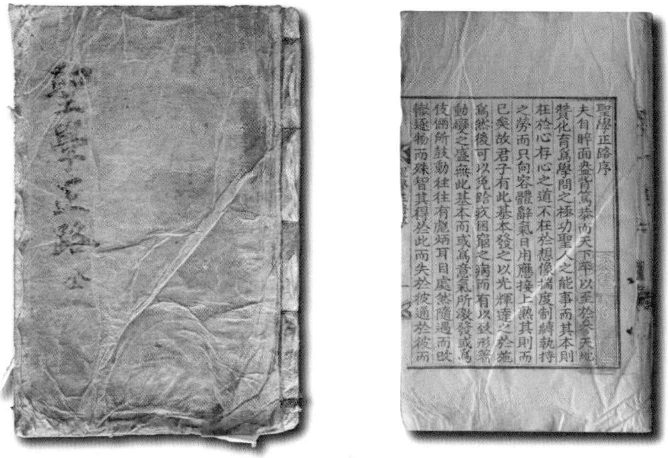

『성학정로』

의 공부를 반성하고 진정한 궁리, 수신의 실상에 부합하는 학문을 하게 되었다고 고백한 바 있다.

5) 『성학입문聖學入門』

이 책은 김종덕이 67세 때인 1790년에 완성한 것이다. 성학에 이르는 수도의 방법에 절실한 말을 유가의 경전과 제가의 문집 등에서 발췌하여 조목별로 묶었다. 특히 『논어』를 비롯해 『주자전서』, 『퇴계선생문집』, 『대산선생문집』을 위주로 하되 다른 책으로 보완하는 성격이 강하며, 480여 개가 넘는 조목을 세밀하게 다루고 있다. 또한 여기에 자신의 생각을 간간이 덧붙임으로써

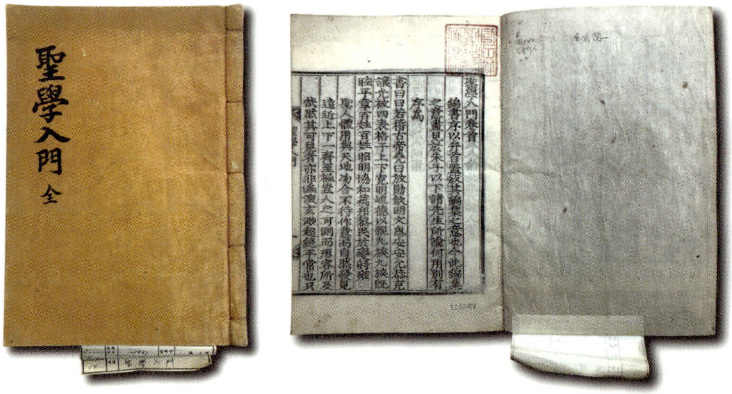

『성학입문』(계명대 동산도서관 소장)

이 책의 의도를 정확히 표현하고 있다. 즉 경전의 글이 자신의 삶과 어떤 연관이 있는가 하는 점이다. 처음에는 책의 분량이 상당했으나 화재로 일부만 전하던 것을 1936년에 5세손 훈종勳鍾이 사우들과 함께 유자정에서 간행했다.

6)『심경강록간보心經講錄刊補』

이 책은 김종덕이 72세 때인 1795년에 『심경강록』을 보완하기 위해 간행한 것이다. 『심경』은 송나라 때 진덕수陳德秀가 마음공부와 관련된 내용을 장별로 정리한 것인데, 명나라 때 정민정程敏政은 여기에 주를 붙임으로써 심학의 필독서로 알려졌다. 이

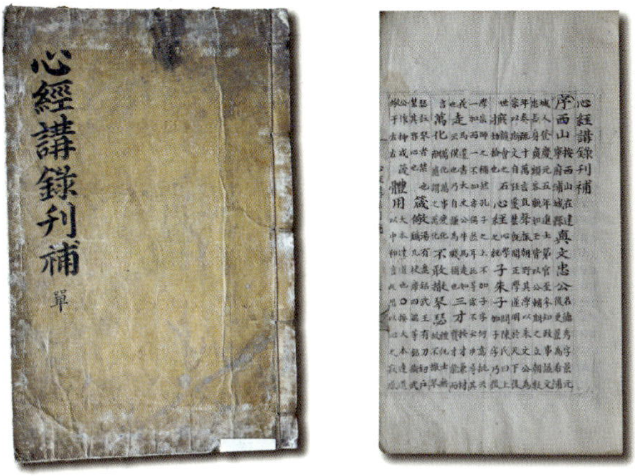

『심경강록간보』

황은 유독 이 책을 존신하여 연구와 강론을 지속했다. 『심경강록』은 이황이 이러한 『심경』을 강의한 내용을 이덕홍과 이함형이 기록한 것으로, 이황의 확인을 받지 못해 그 정확성에 의문이 많았다.

이에 이상정이 김종덕의 아우인 김종경에게 경의장 이하를 보완하도록 했다. 김종경은 『주서강록간보朱書講錄刊補』의 범례에 따라 잘못된 부분을 삭제하고 부족한 부분을 보완하고자 했으나 미처 마무리를 짓지 못한 채 세상을 떠나고 말았다. 동생 김종섭 또한 이를 잇고자 했으나 유명을 달리했다. 김종덕은 이러한 동생들의 작업을 이어받아 마침내 이종수·정종로 등 여러 동학들의 의견을 참고하여 완성했다.

책의 구성은 범례, 서序, 찬贊, 심학도心學圖 등을 앞세우고 이어 제1편에는 인심도심장人心道心章, 상제임여장上帝臨女章 등을, 제2편에는 성의장誠意章, 정심장正心章 등을, 제3편에는 우산지목장牛山之木章, 인인심장仁人心章 등을, 제4편에는 계명이기장鷄鳴而起章, 양심장養心章 등을 본경本經의 순서에 따라 수록했다.

이 책의 가장 큰 특징은 관련된 구절에 대해 의심나는 부분을 『퇴계선생문집』에서 직접 확인하여 정리해 놓고 있다는 점이다. 특히 이황이 제자들과 『심경』을 토론한 내용을 번다할 정도로 자세히 기록한 부분이 눈에 띈다. 그렇기에 서문에서 이만운은 이 책만 있으면 달리 스승이 없어도 『심경』을 이해할 수 있을 만큼 세밀하고 완벽하다고 했다. 이러한 점에서 이 책은 조선중·후기 이황의 철학이 그들의 학파 내에서 어떻게 이해되고 있는지를 확인할 수 있는 중요한 자료라고 할 수 있다.

7) 『초려문답草廬問答』

이 책은 김종덕이 73세 때인 1796년에 완성한 것이다. 모두 6권 3책이고 220조목으로 되어 있다. 그가 문인들과 학문을 문답한 것으로, 내용은 학문 전반과 인간심성, 그리고 경전의 어구와 문장에 대한 해석 등을 다루고 있다. 가령 학문이 중요한 이유는 인간다움의 실현에 있는데, 이를 위한 성현의 심법인 정일집중精一執中, 마음을 닦는 방법인 조존성찰操存省察의 공부 등에 대해

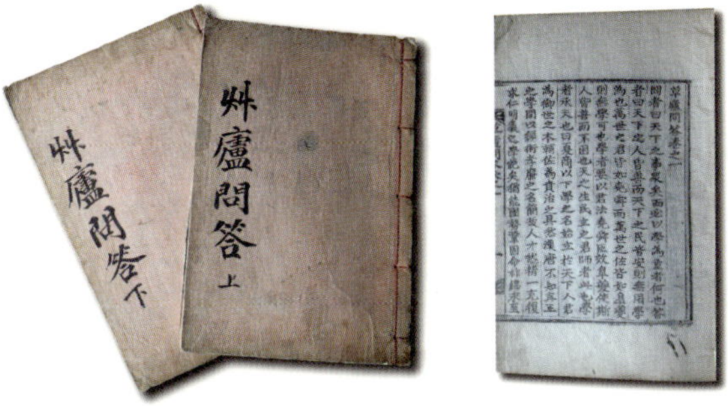

『초려문답』

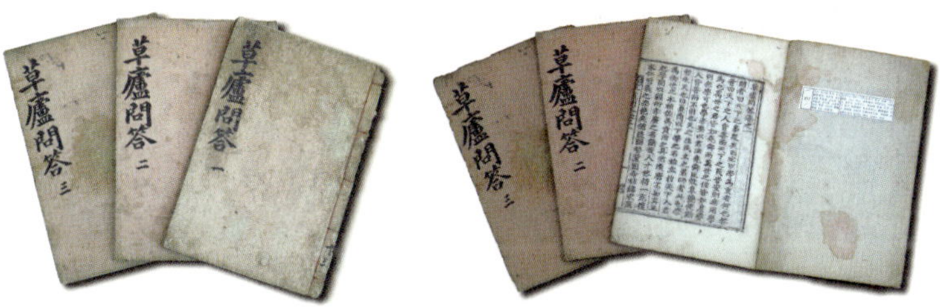

『초려문답』(김항회 소장)

묻고 답하는 내용들이다. 이 책은 원래 필사본으로 전해지다 병화로 소실되었으나 전사본이 발견되어 1906년에 현손 수창壽昶이 사우들과 함께 척암拓菴 김도화金道和(1825-1912)의 발문을 붙여 간행하게 되었다.

8)『입본立本』

이 책은 김종덕이 73세 때인 1796년에 완성한 것이다. '입본'이란 말은 근본을 세운다는 뜻으로, 그 근본은 '하학下學'이며 실천을 위한 학문을 의미한다.『소학』처럼 학문의 근본이 하학에 있음을 초학자들에게 가르치기 위한 목적이었다. 그러나 그는 이 책의 완성을 보지 못한 채 세상을 떠나고 만다. 이에 문인이었던 율원栗園 김양휴金養休(1777–1854)와 신암信庵 이병하李秉夏(1780–1852)가 보완하여 완성했다.

『입본』(김항회 소장)

9)『유자정급문록孺子亭及門錄』

김종덕은 말년에 유자정을 짓고 자신의 학문 탐구와 제자 양성에 몰두했는데, 이 책은 그때 문하에 있었던 인물들을 기록한 것이다. 기록 연대를 알 수 없는 필사본과 이후 문중에서 재정리

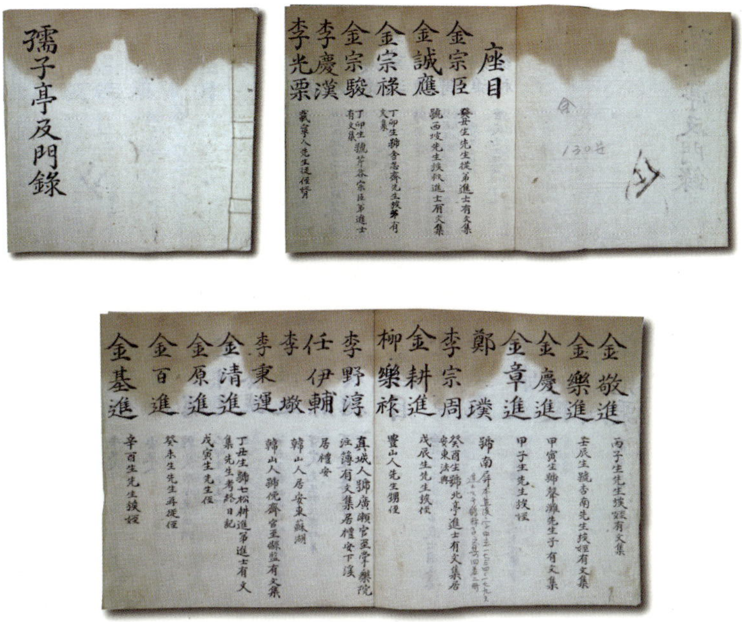

『유자정급문록』(김항회 소장)

한 활자본이 있다. 필사본에는 문인의 성명과 함께 본관, 선생과의 관계를 간략히 적은 부분이 있으며, 모두 130명이 확인된다. 활자본은 문인의 성명, 호, 본관, 거주지를 함께 표기했으며, 모두 119명이 확인된다. 둘 사이에 이름의 들고남이 조금 있다. 대표적인 인물로는 정박鄭璞, 이야순李野淳, 정필규鄭必奎, 권득인權得仁, 서활徐活, 이병운李秉運, 이병원李秉遠, 류숭조柳崧祚, 조우각趙友慤, 황학黃澩, 김경진金經進 등이다.

10) 간찰簡札

김종덕, 김종경, 김종섭이 쓴 편지들이다. 1766년 4월 10일, 1796년 1월 6일에 김종덕이 쓴 편지, 1782년 2월 14일, 1784년 9월 14일에 김종경이 쓴 안부 편지, 1782년 11월 10일에 김종발이 농암종택으로 보내기 위해 쓴 편지, 1786년 8월 14일 김종섭이 쓴 편지 등이다. 그리고 한국국학진흥원에 1790년 김종덕의 삼형제가 수신자 미상에게 쓴 편지가 소장되어 있다. 그 내용을 살펴보면, 김종덕 삼형제는 자신들을 담제인禫祭人으로 표현했다.

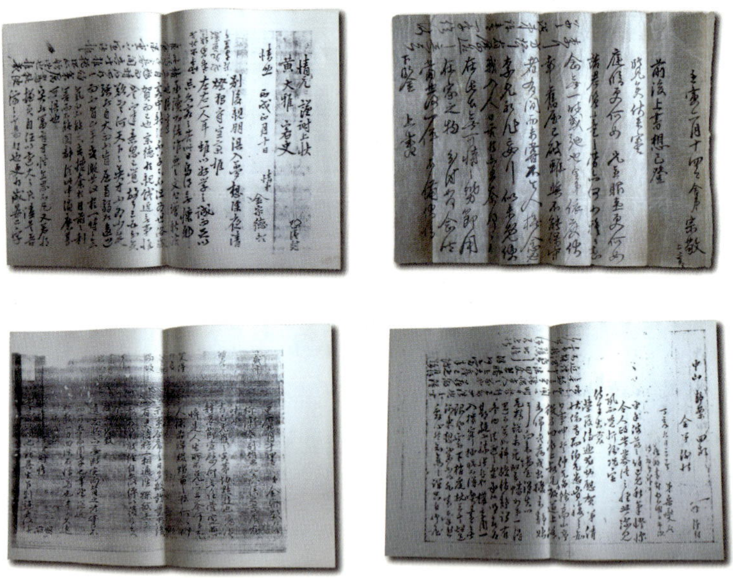

간찰

여기서 담제는 대상을 치른 다음다음 달에 지내는 제사를 말한다. 모친상을 당한 뒤 상복을 벗었으나 슬픔은 여전하다고 하며 사람을 보내 위문하고 선물까지 보내주신 데 감사의 마음을 전하는 내용이다.

11) 위촉 편지

김종덕에게 보내는 위촉 편지이다. 1783년 5월에 경상감사 이병모李秉模가 정조의 명으로 김종덕에게 내각內閣의 삼강지규三講之規에 대한 원고 교정을 의뢰하면서 12일에 대구 향교에 참석하기를 바라는 내용이다.

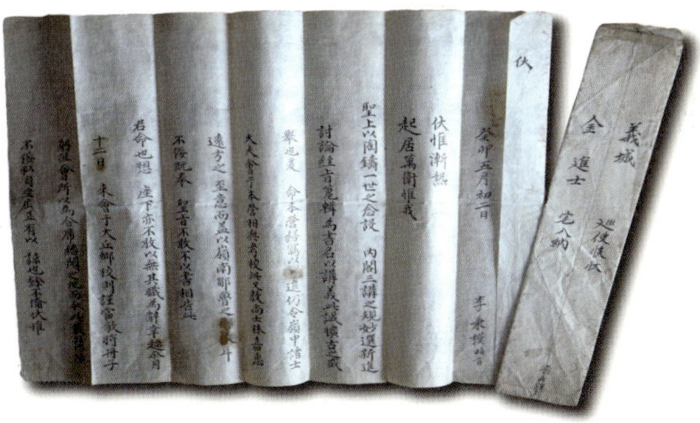

위촉 편지

12) 통문通文

장대서원에 김종덕을 추향하고자 하는 통문이다. 장대서원은 경상북도 의성군 봉양면 장대리에 위치한 서원이다. 이 서원은 원래 1610년에 오봉梧峰 신지제申之悌(1562–1624)가 공조정랑을 사임하고 낙향하여 후진 양성을 위해 세운 것이다. 이에 당시 의성현령이었던 장현광이 『주역』의 「계사하전」에 "군자는 몸에 재능과 도량을 감추어 두었다가 때를 기다려 움직여야 한다[君子, 藏器於身, 待時而動]."라는 구절에서 '장대'를 취해 서당의 이름으로 삼았다.

1996년에 기록한 중건기에 따르면 1624년에 신지제가 세상을 떠난 뒤 1662년에 경현사景賢祠를 세워 그를 향사하고, 이듬해에 이민성을 함께 배향했다고 한다. 1702년에 한 고을의 선현을 다른 사당에 모실 수 없다는 이유로 이산서원에 배향되어 있던 김광수와 신원록의 위패를 이곳에 옮겨 추가 배향했다. 통문에는 이러한 서원에 김광수의 후손인 김종덕을 추가 배향하고자 하면서 그 이유를 이렇게 적었다. 대산 이상정의 전적傳嫡이자 대유大

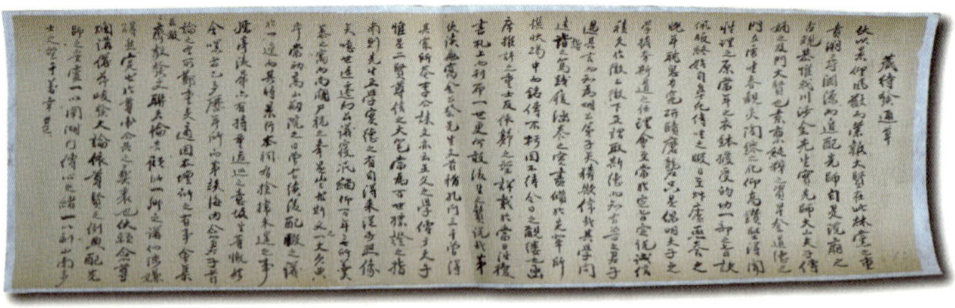

추향 통문(김항회 소장)

儒로 훌륭한 인품과 성리학의 근원을 스승에게 이어받아 만년에 초려에서 학문을 연마하고 제자를 길러 우리 유학의 도를 밝힌 인물임을 부각시켰다. 1868년에 훼철되었다가 1988년에 사묘를 짓고 1996년에 강당을 지어 중수했다.

13) 「집승정기集勝亭記」

김종덕이 1795년 집승정에 대해 적은 글이다. 현 문집에는 등재되지 않은 자료이다. 집승정은 경북 예천군 금리에 있던 정자이다. 진사 집승정集勝亭 안승종安承宗(1483-?)이 1474년에 문과에 급제하고 사직, 지제교겸경연대강관춘추관 등을 역임한 뒤 낙향하여 만년에 머물면서 이 정자를 지었다. 김종덕의 선조인 송은

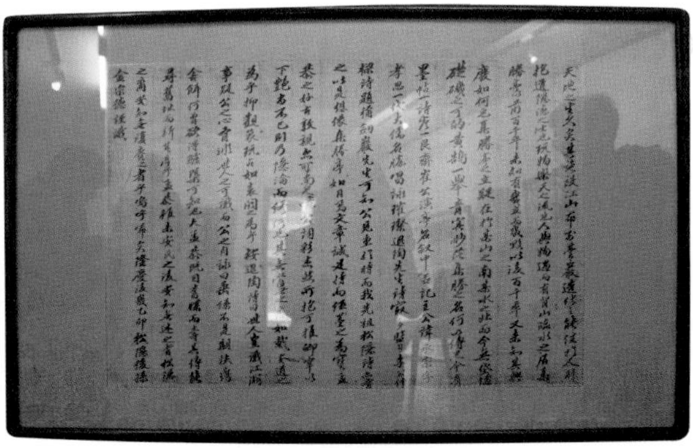

「집승정기」(김항회 소장)

공 김광수를 비롯해 퇴계 이황, 간재艮齋 최연崔演(1503-1549), 하연賀淵 이중량李仲樑(1504-1582) 등 여러 문인들이 이곳에서 시를 지을 정도로 풍광이 뛰어났다고 한다. 김종덕은 이들의 기록을 토대로 정자의 내력을 소개하고, 후손인 구와久窩 안원安愿(1764-1832)이 소실된 옛터를 찾아 정자를 다시 세운 사실을 기록하고 있다.

종가의
문헌과 제례

2 종가의 제례: 불천위 제례

1) 불천위 제례

불천위 제례는 흔히 '큰제사'라고 부른다. 전통사회에서는 이것이 그 집안의 품격을 알 수 있는 기준이 되기도 한다. 이 큰제사에는 종류가 있는데, 크게 국불천위와 사림불천위로 나뉘고, 이 중 사림불천위는 다시 도불천위와 향불천위로 나눈다.

김종덕의 불천위 제례는 그 계기와 시기가 분명하다. 종손의 말에 따르면 100여 년 전인 1915년에 학행學行으로 천거된 사실을 들어 유림의 도회에서 결정하여 불천위를 지내게 되었다고 한다. 제례 날짜는 현재 매년 5월 첫째 주 일요일이다. 원래 고위의

1~3 집사분정 | 4 헌관

제일은 음력 8월 17일이다. 배위인 한산이씨의 제일이 음력 12월 11일로, 이를 고위의 제일에 합설하여 지냈다. 그러나 참여하는 인원이 제한적이라 4년 전부터 제관을 비롯한 여러 친족들이 모이기 편한 날로 정하게 되었다. 지내는 시간 또한 같은 이유로 오전 11시에 시작한다. 시대 변화에 따른 종손의 열린 생각과 결정을 볼 수 있다.

장소는 종택의 뒤편에 있는 유자정이다. 유자정은 선생과 제자들의 강학을 위해 1787년에 세운 정자이다. 그러나 병신의병 때 일

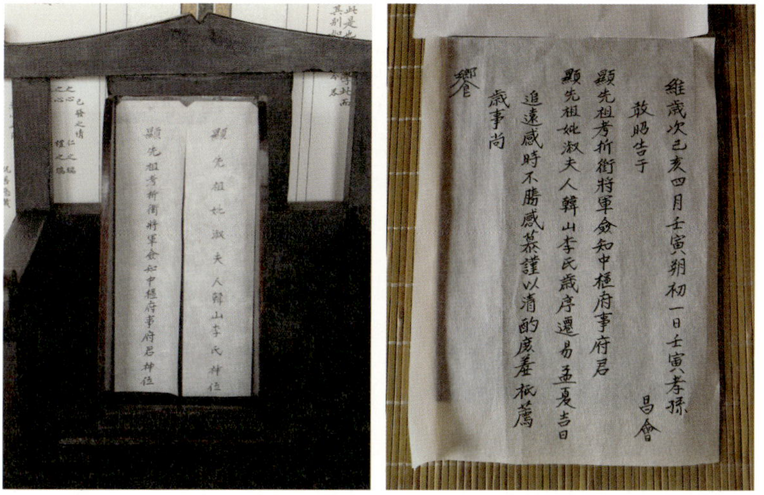
顯先祖妣淑夫人韓山李氏神位
顯先祖考折衝將軍僉知中樞府事府君神位
維歲次己亥四月壬寅朔初一日壬寅孝孫 昌會
敢昭告于
顯先祖考折衝將軍僉知中樞府事府君
顯先祖妣淑夫人韓山李氏歲序遷易孟夏吉日
追遠感時不勝感慕謹以清酌庶羞祗薦
歲事尚
饗

지방, 축문

제물

본에 의해 소실되었다. 다행히 2010년에 유림과 문중의 청원으로 국가의 지원을 받아 복원하게 되었다. 현재 현대식 건물의 종택이 있는 바로 뒤편에 유자정을 비롯해 좌우에 사체헌과 초려를 재실로 두고 앞에 문간채인 청화문淸和門을 세웠다. 원래 종택에 사당을 구비하고 있었으나 유자정과 함께 전소되어 이때에 사당도 함께 마련하려고 했다. 그러나 유자정이 원래 강학공간의 성격이 강하였기에 이를 그대로 살리는 방향으로 복원하게 되었다고 한다. 그때부터 유자정을 제청으로 하여 불천위 제례를 모시고 있다.

2) 불천위 제례의 준비

현재 불천위 제례는 김종덕의 7대 종손인 김창회가 주도하여 지낸다. 문중이 번성하지 못해 종손이 맡게 되었다고 하며, 이에 드는 경제적인 비용 또한 대부분 부담하고 있는 상황이다. 홀기를 사용하지 않는다. 신주를 한국전쟁 때 묻고 피난한 뒤 아직 조주造主하지 못해 지방을 써서 행한다. 시도기나 참사록, 제관록은 없이 축문만 전해 오던 것을 그대로 사용하고 있다고 한다.

참사자는 현재 대략 10여 명 정도이고 대부분 가까운 일가들이다. 제관이 모이면 그 인원이나 상황에 따라 종손이 집사 분정, 즉 집사자의 소임을 정한다. 대개 초헌은 종손이, 아헌은 종부가 맡는다. 그러나 현재는 종부가 몸이 불편한 관계로 나이 많은 사람이 맡는 경우가 많다. 간혹 어렵게 참여한 사람, 고위직에 있는 사람이 있으면 이들에게 아헌을 맡기는 경우도 있다고 한다.

우리가 참관하던 날에는 집사 분정이 다음과 같이 작성되었다. 즉 초헌관初獻官 김창회金昌會, 아헌관亞獻官 김항회金杭會, 종헌관終獻官 류건덕柳建德, 축관祝官 김순회金淳會, 봉작奉爵 김태석金泰奭, 전작奠爵 김태홍金泰洪이었다.

제례의 진행은 종손이 상황에 따라 처리한다. 그리고 복장은 일반적으로 도포에 갓을 한다. 종손은 반드시 이렇게 해야 하나 참사자들은 이것이 여의치 않으면 도포에 유건을 해도 되며 양복을 입어도 크게 제재하지는 않는다.

제례의 준비는 병풍을 펴고 교의를 놓으며 그 앞에 제상을 마련하는 데서부터 시작된다. 제상은 보통 고족상이다. 병풍은 이황의 『성학십도聖學十圖』를 그린 것인데, 예전부터 써 오던 것이라고 한다. 제상은 평상이며, 그 앞에 향상을 두고 그 위에 향로와 향합을 올린다. 향상의 왼편에는 축판을, 오른편에는 주가를 둔다. 모사기는 없고 퇴주기를 활용하며 합문용 병풍을 따로 두어 유식 때 사용하고 있다.

3) 불천위 제례의 절차

제례의 절차는 다음과 같다. 즉 진설, 강신과 참신, 초헌과 독축, 아헌과 종헌, 유식과 합문, 그리고 계문, 진다와 사신으로 진행한다.

(1) 진설陳設

제상에 제구를 놓은 뒤 제수를 진설한다. 지방을 써서 모시기에 출주 없이 모든 제수를 한 번에 진설하되 제관에서부터 제수를 나열한다. 과일, 채소, 탕, 적, 메, 갱을 기본으로 하며 불천위 제례에만 쓰는 특별한 제수는 없다. 다만 제례에 돔베기(상어고기)는 기본으로 여겨 반드시 올린다.

1열, 과일은 조율이시棗栗梨柿에 따라 진설하되 옛날 어른들이 하던 대로 따른다. 계절 과일을 쓰고 양과 음의 개수를 맞출 필요는 없다. 2열, 나물은 고사리·도라지·토란·시금치 등 예전부터 다양하게 썼다. 산채·야채·가채 3종을 갖추되 '산동야서'라 하여 산나물은 동쪽에, 야채는 서쪽에 놓는다. 3열, 탕은 삼탕, 즉 어탕·육탕·소탕으로 함께 해서 담는다. 4열, 문어를 중앙에 놓고 오른쪽에 적은 돔베기·소고기·조기 세 가지를 삼층으로, 전은 나물·두부·어물전 세 가지를 삼층으로 쌓아 올린다. 문어 왼쪽에 닭고기와 어포를 따로 마련한다. 문어를 놓는 것은 안동의 전통을 따르고 있다. 이를 모두 익혀 사용한다. 5열, 오른쪽에 떡을 놓고 중앙에 메와 갱을 배치한다. 그 뒤에는 술잔을 놓는다.

헌적용 가적을 준비하지는 않는다. 면식은 없으며 호박·어물전 등 각종 전과 음복용 떡을 준비한다. 고기는 반숙하여 적틀에 쌓아 놓는다. 음식을 마련할 때는 강한 양념을 자제하고 꽁치·갈치 등 '치' 자가 들어가는 생선이나 복숭아·키위 등 털이 많은 과일은 쓰지 않는다.

진설

(2) 강신降神과 참신參神

이렇게 진설을 마치면 분향강신을 한다. 종손이 분향한 뒤에 집사자가 든 잔반에 술을 붓는다. 이어 종손이 술잔을 눈높이만큼 받든 뒤 집사자에게 술잔을 주어 신위 앞에 먼저 올리게 한다. 집사자가 신위 앞에 내려놓았던 잔반을 내려 종손에게 주면

강신과 참신

종손이 이것을 받아 퇴주기에 붓고 일어나 강신 재배를 한다. 집사자에게 술을 받아 행하는 일반적인 모습과 다르다. 종손이 절을 마치면 참사자 전원이 종손과 함께 신을 만난다는 의미로 제상을 향해 재배하는 참신을 한다. 신주를 모시고 할 때는 참신을 먼저 하지만 지방을 써서 할 때는 신을 강림하게 한 다음에 인사드리는 것이 맞다고 보아 강신을 먼저 한다. 천사종가는 지방을 써서 제례하기에 강신을 먼저 한 뒤에 참신을 한다.

(3) 초헌初獻

참신에 이어 초헌을 한다. 초헌례는 첫잔을 올리는 예이다. 종손이 제상에 나아가 꿇어앉으면, 좌집사가 제상에 놓여 있던 잔반을 내려 종손에게 준다. 그러면 종손은 여기에 술을 따른다. 이어 종손이 술잔을 받아서 눈높이만큼 받든 뒤 좌집사에게 전하면 좌집사는 그것을 받아 신위 앞에 올린다. 그런 다음 좌집사가 메의 뚜껑을 함께 연다. 이어 우집사가 비위에도 같은 방법으로 잔으로 올린 뒤에 메의 뚜껑을 연다. 다음으로 축관이 제상으로 나아가 초헌관의 좌측에서 축문을 읽는다. 축문에는 후손이 아뢰니 해가 바뀌어 기일을 다시 맞아 사모하는 마음에 음식을 마련하여 받드니 흠향하시기를 바라는 마음을 담는다. 축문은 다음과 같다.

초헌례

축문祝文

유세차 모년 모월 모삭 모일 간지에 효후손 창회가 감히 현선조고 절충장군 첨지중추부사부군과 현선조비 숙부인 한산이씨께 밝게 아룁니다. 해가 바뀌어서 이른 여름 기일이 다시 돌아옴에 시간이 지날수록 더욱 생각나 사모하는 마음을 이길 수가 없습니다. 삼가 맑은 술과 여러 가지 음식으로 공경히 제사를 올리니 부디 흠향하시옵소서.

維歲次某年某月某朔某日干支 孝後孫 昌會 敢昭告于

顯先祖考 折衝將軍 僉知中樞府事府君

顯先祖妣 淑夫人韓山李氏 歲序遷易 孟夏吉日

追遠感時 不勝感慕 謹以淸酌庶羞 祗薦歲事尙

饗

이를 읽는 동안 참사자들은 엎드려 대기한다. 축문 읽는 것이 끝나면 초헌관이 일어나 신위를 향해 재배하고 축관과 함께 제자리로 물러나면 초헌의 절차가 끝이 난다.

(4) 아헌亞獻

아헌의 차례이다. 아헌관이 제상에 나아가 초헌 때처럼 술을 받아 신위 앞에 제주 없이 올리고 재배하고 물러난다. 즉 좌집사가 놓았던 술잔을 들어 퇴주기에 술을 붓고 아헌관에게 주면 그가 술을 붓고 받아 눈높이만큼 받든다. 그 뒤 술잔을 좌집사에게 전하며 몸을 약간 굽히고 이 집사는 그것을 받아 신위 앞에 올린다. 이어 우집사도 같은 방법으로 잔을 올린다. 그런 다음

아헌례

아헌관이 신위를 향해 재배하고 제자리로 물러난다.

(5) 종헌終獻

종헌의 절차도 아헌과 같다. 종헌관이 제상 앞에 나와서 아헌 때와 같이 잔을 올린다. 다만 좌우에 있는 집사가 종헌관에게 받은 술잔을 신위에 올릴 때는 퇴주기에 술을 삼제三除하고 올린다. 왜냐하면 유식 때에 첨작을 해야 하기 때문이다.

종헌례

(6) 유식侑食·합문闔門·계문啓門

아헌과 종헌의 헌작을 마치면 유식이 진행된다. 유식은 신이 식사를 하시도록 배려하는 예이다. 좌집사가 신위 앞에 놓은 술잔에 첨작을 한다. 첨작은 술을 더 드시라는 의미로 술잔에 술을 더하는 것이다. 이어 메에 숟가락을 꽂고 젓가락을 시접기에 바로 놓는다.

합문은 신이 식사를 편안히 할 수 있도록 시간을 주는 예이다. 제례가 진행되는 장소가 대청이기에 유식이 진행되는 동안 참사자들은 고개를 숙이고 엎드려 대기한다. 다른 제례에서는 따로

유식례

준비한 병풍으로 제상을 가리는 경우도 있다. 일정한 시간이 지나면 축관이 세 번 기침 소리(삼희흠三噫歆)을 내어 식사가 끝났음을 알리는 계문을 행한다.

(7) 진다進茶

진다는 신에게 차나 숭늉을 올리는 예이다. 여기서는 갱기에 갱을 비우고 맑은 물을 담은 뒤 밥을 세 번 말고 숟가락을 걸쳐 놓는다. 이를 드실 동안 제관들은 제상을 향해 몸을 굽혀 대기하고 있다가 시간이 흐른 뒤 종손이나 축관이 알림을 주면 몸을 편다.

진다

(8) 사신辭神

사신은 신을 보내는 예이다. 일반적으로는 수저를 내리고 메의 뚜껑을 닫은 뒤에 행하는데, 천사종가에서는 수저를 내리지 않은 채 사신례를 행한다. 고이성례告利成禮는 따로 없이 참사자 전원이 신위를 향해 재배한다. 그러고 나면 술잔을 내려 술을 퇴주기에 붓고 내려놓은 다음 수저 또한 시접기와 함께 내리고 메의 뚜껑을 닫는다. 이후에 제상을 치우고 축문을 태우며 음복을 하면 제례는 마무리된다.

사신례

1 철상 | 2~3 음복

제5장

종가의 건축 문화

사촌마을은 김자첨이 기반을 다진 후 한때는 영남의 와해瓦海라고 할 만큼 풍요로운 마을이었다. 그러나 1896년 병신의병으로 마을 전체가 황폐화되었고, 천사종택 또한 이때 소실되었다. 증조부가 독립운동을 한 이력이 있던 집안이라 일본인들이 종택을 불태워 버렸다.

이후에도 복원은 요원했고, 일본인들의 괴롭힘도 여전했기에 전부 정리하여 충청도 계룡산으로 이사를 가게 되었다. 그나마 쥔 목돈으로 집과 농토를 마련하여 새롭게 시작하고자 했으나

천사초려구허비

사촌마을자료전시관

현재의 종택에 걸린 동천소사

그곳에서의 삶도 여의치 않아 고향으로 되돌아올 수밖에 없었다. 형편이 어려워 조부의 처가로부터 도움을 받아 겨우 정착할 수 있었다고 한다. 그때가 언제인지 정확히 알 수는 없으나 종손은 아버지가 열댓 살쯤 되었을 때라고 기억하고 있다.

원래 천사종택은 사촌마을자료전시관이 있는 자리였다. 2004년 그 옛터에 '천사김선생초려구허비'를 세웠고, 이듬해에 사촌마을자료전시관을 건립하여 사촌마을의 역사와 자연환경, 생활과 민속 등을 살펴볼 수 있도록 했다. 그 옆에 괴화나무만이 옛 흔적을 알리기라도 하듯 외로이 서 있다. 현재 종손과 종부는 복원된 유자정 앞에 위치한 현대식 단층 양옥집에서 살고 있다.

종가의
건축 문화

1 유자정孺子亭

유자정은 1787년 김종덕이 64세 때에 지은 정자이다. 유자는 후한 때 남주의 선비인 서치徐穉의 자이다. 서치는 유학자들에게 유자의 표본으로 늘 회자되곤 했다.

그는 자신이 선한 줄을 모르고 선한 행동을 할 만큼 모습이 공손하고 흐트러짐이 없었다. 집안이 가난하여 몸소 농사를 짓고 살았으면서도 향촌사회를 위해 많은 기여를 했다. 그러니 사람들이 그를 대하는 태도가 남달랐는데, 예장태수 진번이 손님을 대하는 데 인색했음에도 서치만은 특별히 걸상을 마련하여 공손히 맞이했다는 고사가 있을 정도였다. 물론 서치에게 진번 등의 천거가 없지 않았지만 벼슬길에 나아가지 않고 오직 학문에만 전념했다.

▲ 유자정 전경

▼ 청화문

김종덕이 정자의 이름을 유자로 정한 것은 바로 이러한 그의 삶을 흠모하며 따르고자 하는 마음을 담았다고 하겠다. 이 정자는 당시 문하에 있던 제자와 유림들에 의해 사촌마을 뒤편 작은 골 입구에 지었다. 이때 정자의 기문은 그의 제자였던 정박이 썼다.

그는 여기서 이황과 이상정의 학통을 이어받아 학문에 심취했고 후학을 양성하거나 봄, 가을 시회를 열어 서로 화답하기도 했다. 또한 이곳에 그의 많은 유품이 보관되어 있었고 『천사선생문집』과 『성학입문』 등도 간행했다. 그러나 1896년에 병신의병 때 소실되었다.

다행히 2007년에 천사 선생 기념사업회를 조직하고 정부로부터 5억 원의 예산을 지원받아 2010년 7월 4일에 복원했다. 구조는 정면 4칸, 측면 2칸의 팔작기와지붕이다. 평면은 좌측에 2칸의 온돌방이, 우측에 6칸의 대청이 연결되어 있다. 건물 좌측에는 초려를, 우측에는 사체헌을 3칸 규모로 배치했다. 솟을대문인 청화문淸和門은 'ㅁ' 자 모양을 하고 있다. 당시 경상북도지사인 김관용이 중건기를, 7세손 김창회가 중건 상량문을 지었다.

유자정중건기孺子亭重建記

문소현聞韶縣의 동북 삼십 리에 위치한 기수沂水의 위쪽에 맑고 깨끗한 지역이 있다. 동서로 연해서 트인 곳에 사촌沙村마을이 있으니 예부터 안동의 벌족閥族이며, 대대로 학문을 이어 온 집안이 살고 있다. 또한 산수의 아름다움과 정원, 숲, 정자의 경치가 좋아 경상좌도의 이름난 마을로 알려졌

유자정

유자정 현판

다. 마을의 뒷산인 자하紫霞와 기령奇靈 사이에 작은 골 임좌壬坐 병향丙向의 양지바른 곳이 있으니, 청룡과 백호가 조화를 이루고 지령의 정기가 모인 곳에 날아갈 듯 새로 지은 정자가 있다. 옛날에 천사川沙 김金 선생先生께서 도학을 강론하고 업을 익힌 곳이다.

지난 정조正朝 정미丁未(1787년)에 공부하던 제자 여러분들이 스승을 숭모하는 뜻에서 지었으며, 멀리서 많은 선비들이 책을 들고 공부하기 위해 모여들었다. 당시 아우님 되시는 구재苟齋(종경宗敬), 용연容淵(종발宗發), 제암濟菴(종섭宗燮) 삼형제가 번갈아 스승의 자리에 앉아 강의하며 갈고 닦았으며 그와 같은 문물이 보존된 것이 백여 년의 세월이 흘렀다.

구한말의 병신년丙申年 삼월에 나라의 운수가 이미 기울어져 왜구들이 침범하였을 때, 의병義兵의 깃발은 악의 무리를 당하지 못하고 유자정孺子亭과 초려草廬가 함께 불타 버렸다. 해가 지날수록 빈 터는 쓸쓸하여 잡초만 무성하니 뜻 있는 사람들이 지나다가 한숨 쉬고 탄식하였다.

아! 숨겨진 덕이 현양되지 못함과 선대의 뜻을 계승하여 이루지 못함을 한탄하고 오세손五世孫 일암공一巖公 훈종씨勳鍾氏가 몇 해를 두고 고심하다가 이루지 못하고 돌아가셨다. 천도는 순환의 이치가 있는지라 나라가 중흥하고 문화와 예술이 번창하게 되었다. 이때를 당해서 유림儒林들이 간절히 청원하고 지사님과 군수님이 진중한 생각으로 걱정하여 나라의 예산 책정을 받았다.

기축년己丑年(2009년) 봄에 날을 택해 개기 고유하고 4간겹집을 중건하니 이것이 유자정이고, 동서에 각 삼간반퇴를 지어 초려草廬와 사체헌四棣軒이라 이름하였으며, 양 편에 협실을 꾸미고 중간 기둥을 높여 청화문清和門으로 삼았다. 규모는 검소하고 박실하여 사치하지도 않고 저속하지도 않았다. 이 해 12월의 어느 날 공정이 끝날 무렵 선생의 봉사손 창회씨昌會氏가 나를 찾아와 기문을 청하였다. 나는 같은 도내의 후학으로 다만 선생의 덕망과 풍의를 사모하였으나 성의가 없음을 한스러워하였으니 어찌 이 일을 감당할 수 있으리오. 진실로 사양하여도 뜻을 얻지 못했다.

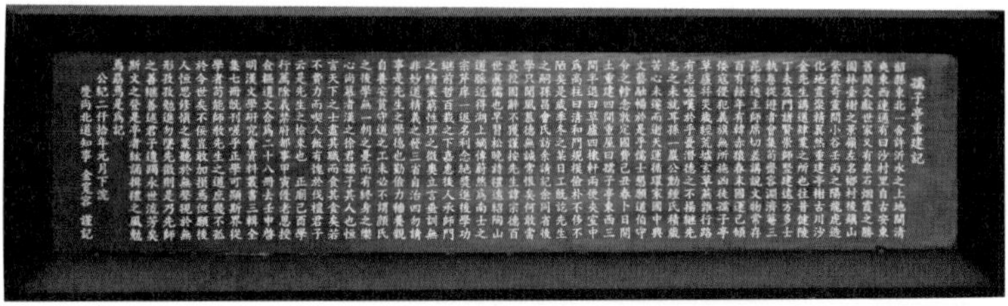

「유자정중건기」

삼가 살피건대 선생의 휘는 종덕宗德이니 백세의 참 선비였다. 일찍이 송은松隱 휘諱 광수光粹와 만취당晩翠堂 휘諱 사원士元 선조의 시례를 익혔으며, 멀리는 퇴계 선생의 도학을 이었고, 가까이는 대산 선생의 학문 적통을 얻어 울연히 영남사림의 종장이 되었다. 과장에 나아가 생원시生員試에 입방하고 돌아와서는 명리의 뜻을 버리고 후학을 권장하며 지도하여 옛날 철인의 공업을 이었으니 백세후에도 후인에게 은혜를 베풀었다. 스승의 서업을 계승하여 성리학의 깊은 뜻을 궁구하고 훌륭한 말씀으로 훈계를 드리웠으며 오묘한 도학의 정밀한 뜻의 발단이 아닌 것이 없었다. 날마다 '삼성三省'으로 자신을 다스리고 '사물四勿'로 매사를 처리하니 이것이 선생의 학덕이다. 검소하고 부지런하며 힘써 농사지어 어버이를 받들고 자신을 기르면서 가난하면서도 분수와 도리를 지키는 공부가 반드시 안자顔子의 후학後學이라고 말하지 않을 수 없을 것이다. 작은 일에 걱정하지 않고 종신토록 즐거움을 간직하였으며 마음으로 사모하는 이가 한나라의 어진 선비 서유자徐孺子 그 사람이었다. 항상 말씀하시기를, 세상의 모든 사람들이 그 직분을 다하고 먹을 것을 먹어야 한다고 하며 만약에 힘을 들이지 않고 남이 지은 농사로 밥을 먹는다면 『시경詩經』의 「벌단伐檀」편에 부끄러움이 있을 것이라고 말씀하셨다. 이것은 선생이 자신을 단속하는 처신이었다.

정조正朝 기유년己酉年(1789년)에 조정에서 학행으로 천거되어 의금부도사

義禁府都事에 제수되고 갑인년甲寅年(1794년)에는 덕망 있는 어른의 우대로 첨지중추부사僉知中樞府事의 직첩이 내렸다. 남기신 글이 모두 28책이니 지난 임신년壬申年(1992년)에 계명한문학회 자료총서 3집으로 전집 7책이 간행되었다.

아! 감회롭다. 올바른 학문이 학계에 드러나고 그를 따르는 사람들이 진실로 스승의 가르침에 능하다면 선생의 도는 이 세상에서 외롭지 않을 것이다. 내가 어찌 보태고 빼고 말할 수 있으리오. 다만 바람이 있다면 후학들이 항상 몸을 닦고 삼가는 것을 생각하며 소리 없는 것을 듣고 보이지 않는 것을 보면서 부지런히 힘써 나아가 선대의 아름다움을 손상시키지 말 것이다. 이것이 곧 선생의 뜻을 잘 이어 나가는 것이며, 군자가 끼친 자취를 영세에 남기는 것이 되리라. 뜻 있는 사람들이여 이 정자에 오르면 글을 읽고 예를 익히는 풍속에 힘쓰고 또 힘쓸지어다. 이로써 기문을 삼는다.

기축년己丑年 섣달
경상북도지사 김관용 삼가 짓다.

유자정중건상량문孺子亭重建上樑文

도학은 백세의 모범이라 높은 풍걸 우러러 우뚝이 섰고
지역은 삼공과 바꾸지 않을 자리 옛터에 다시 세우기를 도모하였네.
진실하도다 은택의 흐름은 유구하고
아름답도다 이 정자의 새로움이여.

공손히 생각건대 천사 김 선생은

박문약례의 성품과 기상이요, 설월같이 깨끗한 생각일세.
멀리는 퇴계 선생 도학의 맥락을 이어받았고

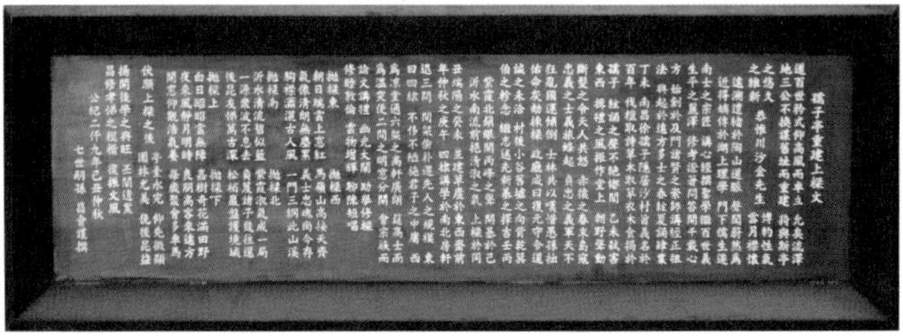

「유자정중건상량문」

가까이는 대산 선생의 성리학 적통을 얻었도다.

성망은 울연히 빛나 영남사림의 종장이 되었고

문하의 유생들은 평생에 학문과 덕을 닦았도다.

심경을 강론하고 성학을 찬술하여 백세의 의방을 이었으며

고증을 편집하고 초려문답을 지어 천세의 심법을 열었도다.

문하의 제자들이 스승을 높이고 경서의 강론을 위해 정조정미(1787년)에 창건하였으며

먼 곳의 선비들이 봄과 여름에 읽고 외우며 백세의 업을 익혀 흥기시켰도다.

중국의 남창 땅에 서유자가 사촌에 숨어 살았다는 뜻을 살펴 유자정이라 이름하고

『시경』의 「벌단편」 뜻을 따르고 은사의 초의목식을 본받아 동제와 서제 현판을 걸었도다.

글 읽는 소리 마을 거리에 끊어지지 않았고

예를 익히는 풍습 마루 위에서 진작되었도다.

을미년 국모시해와 단발의 령은 백성과 하늘이 함께 노하였으며

조야에 용솟음치는 충의의 선비들이 의병으로 벌떼처럼 일어났네.

병신년 삼월 그믐에 왜놈들의 침범으로 나라는 기울어지고

충의를 다한 의병들도 하늘의 도움이 없는지라 정자는 불타 버렸네.
사림은 모두 탄식하고 애석해하며 못난 자손의 옹졸한 정성 미치지 못했고
정부와 관청이 모두들 한뜻이라 지사와 군수가 은혜를 내리고 힘썼도다.
마을 뒤의 작은 골에 옛자리는 건좌손향이었는데
선대의 뜻을 이어 새로운 기지는 임좌병향으로 하였도다.
자하는 진산이 되고 눈앞에 병봉이 높이 솟았으며
기수는 남쪽에 흘러서 청숙한 기상을 끌어안았도다.
기축년 오월 십오일에 개기 고유 행사를 하였으며
같은 해 팔월 초사일에 상량을 하였도다.
삼간반퇴의 초려를 함께 세워 동서재로 삼고
사형제분이 공부하시던 남북의 방을 사체헌이라 이름하였네.
간살과 규격은 검소하고 박실해서 선인의 법도를 따랐고
사치하지도 않고 졸속하지도 않아 군자의 중용을 택했도다.
동쪽은 시원한 육간대청이라 넓고도 밝으며
서쪽은 따뜻한 방이 두 칸이라 밝은 창살이 열렸도다.
뜻 높은 선비들이 모여 학문을 강론하고 예를 익히며
일가들이 한자리에 모여 화목을 다지고 인륜을 돈독히 할지로다.
숨었던 빛이 크게 드러나니, 주위의 물정이 빛을 더하도다.
대들보 올리는 데 힘을 돕고자 짧은 노래를 지어서 부르노라.
들보를 들어서 동쪽으로 놓아 보세, 아침햇살 상서로움 창살을 붉게 하네.
기상을 밝고 밝아 티끌 하나 없구나, 품은 생각 씻은 듯 옛사람의 풍습일세.
들보를 들어서 서쪽으로 놓아 보세, 마령산성 높디높아 하늘에 닿아 있네.
의사공의 충혼이 지금까지 살아 있어, 한집안 삼강이 이 산천에 스며있네.
들보를 들어서 남쪽으로 놓아 보세, 기수의 맑은 흐름 남빛처럼 푸르구나.
근원은 하나인데 여러 갈래 흘러가네, 후손들의 우애화목 만고에 깊을진저.
들보를 들어서 북쪽으로 놓아보세, 자하산 맑은 기운 일국을 이루었네.
여러 제자 책을 지고 오고 감이 얼마였나, 송백과 암석들이 이곳을 보호하리.

들보를 들어서 위로 올려 보세, 둥근 해 밝고 밝아 구름 한 점 없구나.

밤이 와서 바람 자고 달이 밝을 때, 창문 열고 쳐다보며 호연지기 기른다네.

들보를 들어서 아래로 내려 보세, 나무는 아름답고 고운 꽃은 들에 가득

좋은 벗 높은 손님 멀리서 찾아오고, 해마다 취회 때는 많은 수레 올지로다.

엎드려 바라건대 상량한 뒤로는

정자는 영구히 완전하고, 정원은 더욱 아름다워

우러러 선대의 아름다움 현양시키고 사림의 흥왕을 열어 주며

굽어보아 후손들이 번창하고 효도와 공경의 모범이 되게 하여

유업을 크게 나타내고, 문풍이 다시 일어나기 바라노라.

2009년 기축 중추월 하완

칠세손 창회 삼가 짓다.

2 초려草廬와 사체헌四棣軒

초려는 김종덕 선생의 주택 사랑채이다. 700평의 대지에 40여 칸의 주택이 정침과 사랑채, 부속 건물로 되어 있었다. 이를 모두 합하여 '초려'라고 했다. 김종덕과 그 아우인 종경, 종발, 종섭 네 선생 모두 학행이 높아 흔히 '사체 선생'이라고 불렀는데, 사체헌은 이 네 선생이 기거하던 곳을 말한다. 특히 김종덕은 한때 초려에 머물며 이곳에 모여든 제자들과 학문을 강론하고 여러 저술들을 남겼다.

이 초려 앞에 괴화나무가 있었다. 당시 예조참판을 지낸 귀와龜窩 김굉金㙆(1739~1816)은 선생에게 전달할 서한문을 아랫사람에게 주며 "천사의 댁은 찾기 쉬우니, 문 앞에 괴화나무가 있네."라

괴화나무

고 일러 주었다고 한다. 그 나무가 지금도 보존되어 있는데, 현 사촌마을 자료 전시관 옆이다. 이 나무로 인해 이곳이 원래 초려와 사체헌이 있었던 장소임을 알 수 있다.

그러나 이 두 건물은 1896년 병신의병 때 유자정과 함께 소실되었다. 현재는 유자정과 함께 동서재로 복원되었다. 유자정을 본당으로 하여 좌측에 초려를, 우측에 사체헌을 배치했다. 모두 3칸 규모인데 초려는 대청과 2칸의 온돌방을, 사체헌은 3칸 반퇴의 온돌방을 마련했다. 영남유교문화진흥원장인 노진환이 초려·사체헌기를 지었다.

초려사체헌기草廬四棣軒記

초려와 사체헌은 유자정의 동서재이다. 원래는 유자정과 별개의 건물로서 현재의 사촌마을 자료관 자리에 있었다. 이곳에서 천사川沙 김종덕金宗德, 구재苟齋 김종경金宗敬, 용연容淵 김종발金宗發, 제암濟菴 김종섭金宗燮 형제 네 선생이 정침正寢에서 생장하고 천사 선생은 사랑채에 초려의 현판을 걸었다. 이는 학문하는 선비의 스스로를 겸손하게 칭하는 것이다. 그곳에서 시례詩禮를 익혔으니 형제간의 화목한 여정이 아직도 남아 있는 듯하다. 상전벽해桑田碧海의 갑작스러운 일은 인간 세상의 상정常情이라 명성황후 시

초려

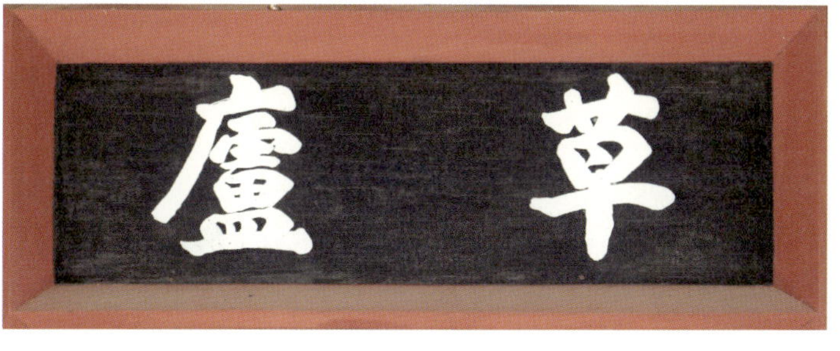

초려 현판

초려의 허백루

해와 단발령으로 나라의 운명은 말로末路에 섰고 집안의 운명도 재앙과 액운을 만나 병신년 왜구의 병화로 하루아침에 황허荒墟가 되었다. 당시의 학자들이 "천사 댁은 찾기 쉬우니, 문 앞에 괴화나무 한 그루가 있네."의 시구와 함께 말을 매던 고목古木은 무심히 우뚝 섰고 작은 표석만이 당시의 사적을 말해 주고 있다.

되돌아보면 고려 충렬공 김방경金方慶의 먼 후손으로 연산조의 은사 송은松隱 선생과 도산 고제인 만취당의 후손 중여重余 남응공南應公의 배위 순천김씨順天金氏가 방지方池에서 여의주 네 개를 얻는 꿈을 꾸고 네 형제를 출산하였다는 이야기는 어른들에 의해 지금도 전해진다.

당시 퇴계학을 표명한 대산 이상정이 동남에서 강학할 때 함께 수학하여 삼노三老 육군자六君子로 불리는 고제高弟가 되었다. 백계伯季는 생원이 되고

사체헌

사체헌 현판

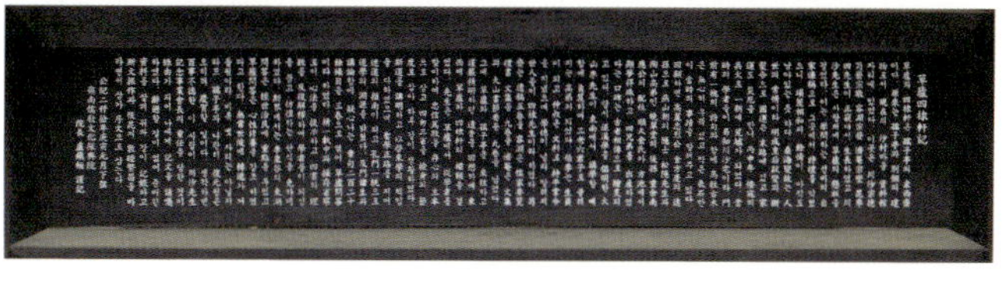

「초려사체헌기」

중숙仲叔은 문과로 지평장령을 지냈으며, 학덕이 널리 알려져 세상 사람들이 '사체 선생'이라고 했다. 구재는 『문집』 5권을, 용연은 『유가요람』, 『예서』, 『문집』 등 9권을, 제암은 『문집』과 『대산서절요』 등 9권을 남겼다. 그때 초려와 유자정을 왕래하고 근엄하고 정연하던 남긴 자취를 회상하며 동서에 초려와 사체헌을 처마에 편액하여 걸었다.

선생은 초려에서 배우고자 하는 이를 맞이하여 '충신독경忠信篤敬'을 존심存心의 주된 근본으로 삼고 '사물四勿'과 '삼성三省'을 몸을 단속하는 절도로 삼아 하루같이 생활했다. 우리의 도를 깊이 밝히고 후학을 제도할 책임을 다했다. 『성학정로聖學正路』를 지어 미혹한 길의 지남指南이 되고, 『공문일통孔門一統』으로 도학의 연원을 밝혔다. 급문제생과 강론함에 의심나는 장구 220여 조목을 세 권으로 엮어 『초려문답草廬問答』이라고 했다. '정일집중精一執中'과 '조존성찰操存省察'로서 심법을 보이고 사서四書의 이치를 반복 해석하여 학자들이 의심을 품고 방황하는 탄식을 면하게 했다. 학계에서는 이율곡의 『동호문답東湖問答』은 '경세치민經世治民'에 중점을 두었고, 『초려문답』은 '심성수양心性修養'을 강조하였다고 한다. 무상한 세상에 여러 사람들에게 전하여 보내는 것이 거듭되니 비록 옛날 자리는 아닐지라도 유자정과 나란히 복원됨은 오히려 기뻐할 일이다. 생각하면 모든 것에 부덕한 이 사람이 천사선생기념사업회의 중임을 맡은 것이 이유가 되어 나에게 기문을 청하여 부탁하였다. 사양하여 피할 길이 없어 정리된 자료를 살펴 위와 같이 기록하고, 우리 유학의 진작振作과 후손의 돈목번창敦睦繁昌을 바라면서 삼가 기문으로 삼는다.

2010년 1월 하현下弦

영남유교문화진흥원장 노진환盧鎭桓 삼가 짓다.

3 부강서원鳧江書院

부강서원은 호사평湖沙坪을 모신 서원이다. 여기서 호사평湖沙坪이란 이상정과 그의 제자인 김종덕, 그리고 류치명을 말한다. 소호리의 호湖, 사촌마을의 사沙, 무실 한들의 평坪을 따서 그렇게 불렀다. 이 서원은 현재 경상북도 청송군 부동면 상평리에 위치하며, 원래의 이름은 당약서당堂約書堂이었는데 이곳으로 이건하면서 이름을 바꾸었다. 마을의 모양이 오리 형상을 하고 있어 부강이라고 했다고 한다. 흥선대원군 때 서원 철폐령으로 훼철되었다. 현재 건물의 모습은 정면 4칸, 측면 2칸 규모의 팔작지붕 건물 1동이다. 부강서당이란 현판이 걸려 있다.

석간石澗 서효원徐孝源(1839–1897)의 「부강서당약계사실鳧江書堂

부강서원(서당)

부강서당 현판

1 석간정사 | 2 의성의병기념관 | 3 청송항일의병기념관 | 4 충의사

約稧事實」에 보면 건립 배경을 확인할 수 있다. 즉 청송군 부동면에 송학서원松鶴書院이 있었으나 사람들이 왕래하기가 쉽지 않았다. 이에 1862년 서병화徐炳華·서병수徐炳秀·이태영李泰榮·유재흠柳在欽 등이 논의하여 새로운 서원을 세워 호사평을 모시기로 하고, 건립 및 운영 자금은 당약계堂約稧를 수계修稧하기로 했다.

한편 1896년 병신창의 때 관군이 의성의진에 이어 청송으로 온다는 소식에 청송의진의 지휘부가 당약서당에 잠시 머물렀다는 기록이 있다. 이러한 사실에 근거하여 침수의 우려를 피해

2004년에 부동면 상평리로 이건한 뒤 부강서당이라 개명했다. 그리고 여기에 청송지역 의병의 위패를 봉안하여 추모의 공간으로 활용했다. 2009년에 청송군의 문화유산 제8호로 지정되었다. 이후 청송지역 의병의 위패는 2011년에 개관된 항일의병기념공원 내 충의사忠義祠로 이안되었다.

제6장

종가의 삶과 가풍

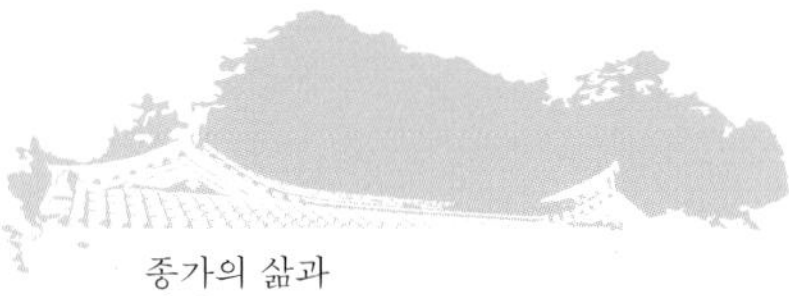

종가의 삶과
가풍

1 종손과의 대화: 세수청백世守淸白

천사 김종덕의 7대 종손 김창회金昌會는 1935년생이며 6남매의 맏이로 태어났다. 어릴 때부터 종손으로서 어른을 따라 집안 일을 배웠으며 학교는 거의 다니지 않았다고 한다. 집안이 가난한 탓도 있었지만 왜정의 학교에 갈 수 없다는 항일의식 때문이었다. 학교는 해방이 되어 조부의 명으로 3학년에 들어가 반년 정도 다닌 것이 전부였다. 그러다 보니 학창시절 대부분 독학으로 배움을 이어 갔다.

그 뒤에 종손은 공무원 시험을 쳐서 열아홉에 합격을 했다. 그러나 나이가 어려 발령을 받지 못하다 1958년에 군대에 갔다 온 후에야 발령을 받게 되었다고 한다. 그 사이에 결혼을 하고 4

종손 김창회

남매를 두었다. 처음 발령을 받은 곳은 내무부 산하 지방 공무원이었지만 도교육청 행정직 공무원에 자원하여 학교 서무과장과 의성도서관장 등을 역임했다.

종손은 정년을 한 뒤에도 바쁜 나날을 보내고 있다. 종손으로서 종가의 일뿐만 아니라 경주의 옥산서원장, 영천의 임고서원장, 상주의 도남서원장, 성균관 부관장의 자리를 두루 거쳤다. 또한 도회의 도집례를 허다히 맡아 하면서도 그동안 쓴 글들을 모아 『동천산고東泉散稿』로 간행했다.

종손 김창회를 만나 종손의 삶에 대해 들어 봤다. 우선 종손에게 부모님의 이야기를 여쭤 보았다. 말씀하신 내용을 대략 정리하면 이렇다.

아버지 김호균金浩均(1917-1972)은 자가 형집衡執이며, 어머니 김차은金次銀(1912-1989)은 의성김씨義城金氏로 안동의 의병장 김도화金道和의 증손녀이다. 아버지는 성격이 다소 과격하고 달변가이셨다. 학교를 다니지는 않았지만 기억력이 좋고 전고典故에 밝으셔서 안동, 예천, 봉화 등 지방 선현들의 족적을 잘 아셨다. 더욱이 불천위 종손이라 유림의 모임에서는 다른 사람보다 앞자리에 앉아 좌중을 주도하거나 말하는 것이 거의 법이 될 정도였다. 그리고 그런 행사에 참석하신 이후에는 그 일들에 대해 늘 이야기해 주시곤 했다.

종손은 이러한 아버지의 가르침이 결국 교육이 아니겠느냐며 그때 하셨던 말씀을 듣고 배운 것이 많았다고 했다. 그중 기억에 남는 한마디를 들려 주셨다. 즉 분수를 지키며 조상에게 누가 되는 행동을 하지 말라는 것이었다. 대종손은 천사종가가 전국적으로 유명하지는 않지만 영남에서는 알려진, 남들과 다른 가성이 있는 집안이었기에 종손에게 이를 더욱 중요하게 당부했던 것으로 보인다.

종손은 이런 아버지의 가르침에 따라 손자녀를 교육할 때에도 말이 아닌 실제로 행동하는 모습을 보인다고 했다. 그중 하나가 바로 손 편지 쓰기이다. 전화나 이메일이 흔한 요즘에 손 편지 쓰는 것 자체가 쉽지 않다. 종손은 옛날 이황이 자손들에게 편지를 쓴 것으로 교훈 삼아 시작하게 되었고, 지금도 기회가 있을 때마다 손자, 손녀에게 편지를 쓰는 것이 즐겁고 보람 있는 일이라고 했다. “교육이란 약한 이슬에 옷이 젖듯이, 천천히 스며들듯이 하는 것”이라는 선대로부터 내려오는 가르침을 그대로 실천하고 있었던 셈이다.

이 종가만의 자랑이라면 무엇이 있는지에 대해 여쭈었더니 자랑할 것이 없다고 하시면서 “늘 분수를 지키며 공부하신 어른들이라 남들한테 폐 안 끼치고 근실하게 공부하며 효도하는 것”이라며 말끝을 흐리신다. 이분들에게 자랑이란 익숙하지 않는 일이다. 언제나 겸손을 미덕으로 알고 살아왔기 때문이다.

그런데 남에게 폐 끼치지 않는 것, 생각해 보면 이 또한 쉽지 않은 일이다. 사람과 더불어 살면서 조금만 방심하면 남에게 피해는 물론 아픔까지 주는 경우가 허다하다. 더욱이 요즘은 여기에 무감각해지기까지 하니 더욱 힘든 일임에는 틀림없다. 그럼 점에서 묵묵히 자신의 본분과 일에 최선을 다하는 이분들이 보여주는 삶의 태도에 부끄럽지 않을 수 없었다.

종손으로서 어렵고 힘든 일이 왜 없겠는가. 종손은 현재 조상일을 다 하지 못한 것이 고민이고 위토位土, 즉 경제적인 측면에서 어려움이 없지 않다고 토로했다. 그러나 보람 있었던 일도 있다며 몇 가지를 떠올리신다. 즉 계명한문학연구회에서 천사 김종덕 선생의 전집을 발간하고 이어 마련된 학술대회 때에 인사말을 한 것과 증조부 어른이 독립유공자 서훈을 받은 것, 그리고 유자정의 복원 행사 때라고 한다. 이제 할 일은 부강서원 복원과 위패 모시는 일, 문집 국역 등인데 곧 실행될 수 있을 듯하다며 흐뭇해하신다.

종손에게 윗대 어른 중 소개할 종손이나 종부가 계신지 여쭈었다. 그랬더니 바로 선대 종부의 이야기를 건네신다. 말씀하신 내용을 대략 정리하면 이렇다.

어머니는 아무것도 없는 집에 시집을 와서 많은 제사에 세상 물정 모르는 시아버지와 남편을 모시고 자식 키우느라 고생을 많이 하셨다. 그나마 종손이 공무원이 된 후로 정성껏 모셨다. 한편 그때 애들이 대구에서 학교를 다니던 터라 어머니께서 인근에 방을 얻어 애들을 돌봐 주셨다. 당시에는 손자를 돌봐 주는 어른들이 참 많았다. 그런 어른들끼리 정담을 나누는 모임이 있을 정도였다. 거기에 가면 대학 다니는 자식 뒷바라지하는 얘기며 손자 돌봐 주러 왔다는 분들의 사연이 가득했다. 간혹 안동이나 예천에서 온 분들 중, 글에 능한 분도 있어 서로 가사를 읽으며 무료함을 달래곤 했다. 그러다 종손의 막내아들이 대학 입시를 앞둔 즈음에 어머니께서 편찮으셨고 병원에서 암 진단을 받았다. 연세가 많아 수술도 못하는 상황이었다. 그 길로 집으로 돌아와 일 년쯤 계시다 78세에 돌아가셨다.

종손은 이야기 끝에 참 본받을 점이 많은 분이셨다고 기억한다. 무엇보다 집안이 가난한데도 자식들이 들에 일하러 나가지 않게 했을 정도로 부지런하셨고, 더욱이 1년에 13번, 때로 한 달에 두 번일 때도 있는 제사를 정성을 다해 준비하는 검소함이 몸에 밴 분이셨다고 한다.

이런 선대 종부의 삶은 그 자체로 존경스러운 것일 테다. 가난을 스스로 감내하며 시아버지와 남편을 봉양하고, 자식과 손자들까지 훌륭히 키워 내기란 얼마나 고통스러운 일이었을까. 그럼에도 불평 한마디 없이 묵묵히 자신의 일이라 여기며 하시는 모습이 자연스레 옷깃을 여미게 한다. 더불어 그런 어머니의 모습을 기억하는 종손의 마음 또한 따뜻하게 느껴진다.

종가의 보존을 걱정하고 계실 텐데, 아드님에게 당부하시는 것이 있으신지 여쭈어 보았다. 영종회, 영맥회라는 모임이 있는데, 지금 종손은 영종회 회원이고, 아드님은 영맥회 회원으로 재무를 맡고 있다고 했다. 그러면서 '세수청백世守淸白'이란 말을 꺼내신다. 지금은 직장 때문에 외지에 나가 있지만 언젠가는 돌아와서 종손의 대를 이어 집과 정자를 지켜 주기를 바라는 마음이셨다. 가난한 집안에서 이 또한 버거운 것이기는 하지만 세수청백의 전통을 살려 대대로 청백한 마음으로 종가를 관리해 주기를 늘 당부하곤 하신단다. 이러한 종손의 소박한 꿈이 이루어지리라 믿는다.

이어 오늘날 불천위 제례가 어떻게 계승되어야 하는지에 대한 종손의 생각을 여쭈었다. 그러자 이번에는 뜻밖의 답이 돌아왔다.

우리 집이 다른 집에 비해 많이 개화된 편입니다. 옛날 전통을 너무 고집하기보다는 현실에 맞게 해야 한다고 봐요. 불천위 제사의 경우, 저는 이렇게 생각해요. 제사는 흉사凶事이지만 불천위 제사는 길사吉事라고 봅니다. 우리는 홀기를 읽을 사람도 없고, 제관이 많이 모이지도 않지만 한자리에 모여 조상의 음덕을 추모하고 그 교훈을 잠시라도 이야기하는 거죠. 또 그 때 평소 마음에 담아 두었던 이야기를 서로 나누는 것도 좋을 듯해요. 나는 제사 때가 되면 늘 한마디씩 해 줘요. 아이들이 들을지는 모르지만 그것 상관없이 하면 그때 들은 건 잘 잊어버리지는 않을 거라 생각해요. 덧붙여 말하면 정자 지은 지 11년 정도 되었는데, 어떤 사람이 정자 규모로 보아 뒤에 사당을 짓고 위패를 모시면 좋을 듯하다고 하기에 내가 더 이상 욕심 내지 않는다고 했어요. 하는 사람은 해 놓고 제사 한 번 지내고 죽으면 그만이지만, 아이들이 그것을 어떻게 감당하겠어요. 실지가 그렇습니다. 대수가 오래되어 자손이 번창한 집은 재물도 많고 유사가 나와서 관리를 하지만 우리 같은 집은 그럴 형편이 아니거든요. 그러니 아름다운 전통만 유지하면 된다고 생각해요. '번문욕례繁文縟禮'라는 말이 있어요. 까다롭고 번거로운 예절을 '번문욕례'라고 하는데, 그런 건 없애고 순리대로 하되 형식보다는 실질에 집중하도록 해야 한다고 봅니다.

종손의 열린 생각이다. 시대의 변화에 따라 지나치고 번다한 형식을 따르기보다 오히려 그 정신을 따르고자 하는 의지를 엿볼 수 있다. 물론 형식이 아예 필요 없다는 말은 아니다. 시대가 변하고 사람들의 생각이 달라지면 거기에 맞는 형식으로 바뀌고 새롭게 마련하는 것이 오히려 전통을 더 지속시킬 수 있는 방법이 되지 않겠는가 하는 의도이다.

그런 점에서 종손이 강조했던 '번문욕례'란 말을 다시 한 번 되뇌게 된다. 지금 우리는 그 정신을 보존하고 있는가. 형식이 번다하다는 핑계로 거기에 담긴 내용 또한 버리는 꼴이 되고 있는

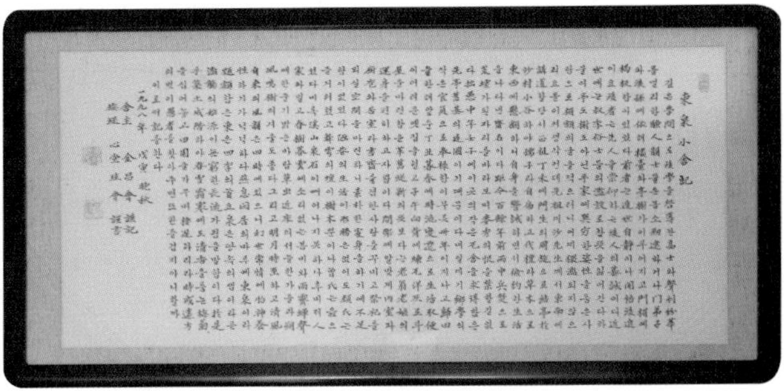

「동천소사기」

것은 아닌지 생각해 볼 일이다.

마지막으로 종가가 지역 사회에 기여할 수 있는 점이 무엇인지 여쭤 보았다. 종손의 말씀은 이러했다.

> 종가문화가 남 보기에 부끄럽지 않게 잘해서 종가나 종손이 모범이 되어야 해요. 종가, 종손만 내세우거나 텔레비전에 나오는 것만 좋아하고 자기 수신을 올바르게 못하면 안 된다고 생각해요. 모든 종손이 모범을 보여야죠. 그렇다고 너무 근엄하게만 하면 딱딱하니 세상을 화기和氣롭게 하면서도 요즘 말로 상스럽지 않게, 처세에 너무 저속하지 않고 고상하게 할 필요가 있다고 봅니다.

참으로 옳으신 말씀이다. 세상이 점점 상스럽고 세속화됨에 따라 인간 또한 마찬가지라는 말을 많이 듣는다. 세상에 유연하게 대처하되 조화로우면서도 품격을 지키며 행동하는 인간 문화가 되면 얼마나 좋을까. 종손은 이러한 문화를 만들기 위해 우리나라의 종가와 종손이 앞장서야 한다고 강조하셨다. 그런데 이는 종가와 종손의 일만은 아닌 듯하다. 그런 문화를 오랜 세월 지켜 온 이들의 전통을 우리가 알차게 배워 지금 이 시대에 실천하는 것 또한 필요하지 않을까 한다.

종손과 대화를 진행하면서 마치 천사 김종덕 선생을 대하는 듯한 느낌이 들었다. 평생을 학문에만 몰두했던 선생에게서 느껴졌을, 소박하면서도 너그럽고 여유로운 삶의 모습이 종손에게도 자연스레 묻어나고 있었다. 아마도 이러한 모습이 이 종가가 지금까지 이어 온 전통이 아니었을지 생각해 본다.

종가의 삶과 가풍

2 종부의 삶

종부인 김순섭金純燮은 1935년생으로, 지금의 안동시 풍산읍 오미리에서 태어났다. 오미리라는 마을 이름은 한 가문에 여덟 형제가 모두 진사가 되었고, 그중 다섯이 과거에 급제한 데서 유래했다. 그 가문이 바로 풍산김씨 유연당悠然堂 김대현金大賢(1553-1602) 집안이다. 종부는 이 가문의 막내인 설송당雪松堂 김숭조金崇祖(1598-1632)의 12대 종녀였다.

그런데 안타깝게도 방문 당시 종부의 몸 상태가 좋지 않아 직접 만나 뵙고 인터뷰를 진행하지 못했다. 부득이 2009년 9월 3일 매일신문에 실린 기사 내용을 중심으로 그분의 삶을 간략히 소개하고자 한다.

가족 사진

종부에게 어릴 때 기억은 어떨까. 종부는 어릴 때부터 몸이 약한 편이었다고 한다. 오미리에서 태어났지만 다섯 살 무렵 아버지가 대구부청에 들어가면서 조모를 제외한 가족 전부가 대구로 이사를 가게 되었다. 때마침 삼촌 또한 세무서에서 근무했던 터라 비교적 풍족한 어린 시절을 보냈으며 신식교육도 받을 수 있었다.

그러다 16살 때에 한국전쟁과 함께 조모의 죽음을 겪었다. 당시 조모가 계신 오미리에 왔다가 며칠 만에 전쟁이 터져 피란을

갈 수밖에 없었다. 조모는 그 피란길에서 "나는 조금 있다가 갈 테니 이웃사람을 따라 빨리 가라."며 억지로 종부의 팔을 끌다시피 먼저 보냈다. 그것이 조모와의 마지막이었다고 한다. 종부에게는 전쟁의 상흔으로 남았을 이 기억은, 필자를 비롯해 전쟁을 겪어 보지 못한 세대가 감히 이해하기 힘든 아픔이었을 듯하다.

종부가 결혼한 나이는 스물다섯. 그때만 하더라도 비교적 늦은 나이에 치른 혼인이었다. 친정이 비록 부유하지는 않았지만 부족함 없이 살았던 터라 막상 시집가 보니 시댁의 어려운 살림살이에 식구도, 제사도 많은데다 손님 또한 적지 않아 여간 힘들지 않았다고 한다. 그러면서 결혼하게 된 사연을 다음과 같이 말한다.

> 스물세 살 되던 해에 집안어른이 이 마을 종가에 비록 살림이 어려워도 사람이 좋다며 중매를 했어요. 하지만 결혼을 못한 채 신랑이 군대를 가는 바람에 성사되지 못했어요. 그래서 다른 데에 구혼하다 다시 인연이 되어 만나게 되었어요.

앞서 종손에게 들은 말을 함께 떠올리니 이때의 상황을 이해할 수 있었다. 혼인 말이 오고 갈 즈음에 종손 집안은 너무 가난하여 밥도 먹기 힘든 상황이었다. 종손은 이런 형편을 말하기 싫어 피하다시피 군대에 입대했다. 그렇게 1년쯤 근무하다 보니 집에서 관보가 왔는데, 장가를 가야 하니 내려오라는 내용이었다. 그렇게 내려와 만난 사람이 종부였다고 한다.

종손과 종부의 만남은 이렇듯 인연이었던 모양이다. 그러나 종손이 군대에 있었기에 결혼식을 치르는 것부터 난항이었다. 종부의 말에 의하면 결혼식은 대구에 있는 친정집의 작은 마당에서 했다. 이를 위해 종손이 군대에서 휴가를 받고 와서 결혼하고 다시 군대에 복귀했다. 그러니 신혼여행은커녕 시댁에 가는 것도 혼자서 할 수밖에 없었다고 한다.

봄에 결혼하고 신행新行은 가을에 왔어요. 그때 남편은 군대에 있어 휴가를 못 나오니까 부친하고 둘이서 지프차를 빌려 타고 오게 되었어요. 신행 오니까 막내시누이가 다섯 살이었요. 시댁 어른들이 노래하라고 하니까 옆에 와서 '안동 예안 고운 도령 날만 똑똑 기다리소.'라는 노래를 부르더군요. 그러던 막내시누이가 스무 살에 안동 무실에 전주류씨 가문으로 시집갔어요.

그럼 종부의 삶은 어땠을까. 종부로 제사 지내는 것만으로도 힘든 일이었을 텐데 어떻게 살아오셨는지 궁금했다. 여기에 대한 대답은 그리 길지 않았다. 그저 특별할 것이 없다는 듯, 그냥 하는 것이니 그러려니 하며 했다고 한다. 그러면서 오히려 음식과 옷을 만드는 솜씨 하나는 좋았다는 말로 그 힘듦을 대신했다.

요즘은 힘이 들어 못하지만 술 담아 청주 떠서 제주도 했고 다식도 잘 만들었으며 접빈한다고 내어 놓은 국수는 손님마다 칭찬이 대단했다. 또한 종손이 바깥출입이 많으니 사시사철 두루마기를 해야 했는데, 계절별로 모시와 무명 두루마기를 하고 또

이를 해마다 씻고 다리는 솜씨 또한 좋았다. 이 또한 평생을 그렇게 살았으니 그러려니 하는 마음으로 했다고 한다.

자식에 대해서는 더욱 말이 짧았다. 요즘은 자식 자랑을 쉽게 보지만 "그런 거는 자랑하는 게 아니다."라며 이 또한 굳이 사양했다. 겨우 꺼낸 말이 "공부는 보통 했고 지금 현재 자리는 모두 고만고만하다. 딸이며 며느리들이 좋은 가문에서 시집을 오고 갔다."라고만 하며 맏아들 집에 갔던 기억을 떠올리신다.

2006년 경주에 있는 맏아들 집에 가서 설을 보냈어요. 내가 옛날에는 멀미가 심해서 버스와 기차를 못 탔는데, 그때는 얼마나 기분이 좋던지. 의성 나갈 때 택시와 기차를 타도 멀미를 안 하고 정거장이 몇 개나 되는지 다 헤아릴 정도였어요. 내가 또 언제 그래 가 보나 싶었거든요.

종부는 어릴 때부터 몸이 약한 편이었고 시집을 와서는 더욱 심해져 바깥출입을 거의 못할 정도였다고 한다. 그러니 이런 일도 쉽지 않았을 듯하다. 마지막으로 한 말씀은 "그저 집 안에서 어른이 시키는 대로 가장에게 순종하고 산 것에 만족한다."는 짧은 감회였다. 지금 사람들에게 이 말이 어떻게 들릴지 모르겠다. 그러나 그 시대를 산 종부에게는 배운 바를 올곧게 실천한 것이며, 우리에게는 한 종부가 들려주는 귀중한 삶의 교훈이 아닐까 한다.

3 종가의 가풍

김종덕은 1768년 나이 45세 때 「좌우명座右銘」을 짓는다. 그 내용은 다음과 같다.

> (인욕은) 끊고 끊어서 잇지 말며, (천리는) 잇고 이어서 끊지 말아야 하니, (인욕을) 끊은 곳에 문득 이어지고 (천리를) 이은 곳에 문득 끊어진다.[斷斷無續(欲), 續續無斷(理), 斷處(欲)便續, (理)續處便斷.]

여기서 끊을 대상은 인욕이며, 이을 대상은 천리이다. 이는 주자학의 '존천리 알인욕存天理遏人欲', 즉 천리를 보존하고 인욕을 제어해야 한다는 데에 근거한 말이다. 이를 통해 자신은 인욕에 이끌리기보다 천리에 부합하는 삶을 지향하고자 한 것이다. 이러한 생각은 그가 1768년에 이상정에게 보낸 편지에서 처음 보인다.

> 인욕이 없이 소멸하지 않으면 천리는 장왕長旺의 리理이며, 천리가 없이 접속하지 않으면 인욕은 퇴청退聽의 리理입니다. 저쪽에서 소消는 이쪽에 장長으로 보이고, 이쪽에서 소消는 저쪽에 장長으로 보이기 마련입니다. 이것을 변별하여 단호하게 끊을 능력을 갖지 못하면 예나 다름없이 인욕은 의관을 갖추고 정좌한 가운데에도 깊이 숨어 있기 때문에 고요하게 그 이치를 생각해도 기이하고 오묘한 원리를 깨닫지 못하게 되는 것입니다.
>
> 『천사선생문집川沙先生文集』 권1, 「상대산선생上大山先生(戊子)」

천리와 인욕이 서로 쇠하고 성한 것을 음과 양이 그렇게 되는 이치로 설명하고 있다. 이는 평생 세상에 대한 욕심을 멀리하고 산림에 있으면서 효성과 우애로 집안을 단속하며 학문 탐구로 자신을 세우는 데 몰두했던 그의 삶에서 묻어난 경험의 산물이라고 해야 할 것이다. 만년에 마련한 정자의 이름을 '유자정'으로 정했던 것도 이를 몸소 실천하고자 하는 의지의 표현이라고 할 수 있다. 이에 대해 이상정은 1769년에 보낸 답장에서 천리와 인욕의 소장에서 인욕을 끊고자 하는 노력에 대해 칭찬하면서도 다음과 같은 충고의 말을 덧붙였다.

> 보내 주신 편지에 "리理와 욕欲이 소장消長하는 기틀에서 단속斷續이 절로 접쳐진다."라는 말은 진실하게 체험한 데서 나온 말이고 한때 입으로만 한 말이 아니니 매우 감탄스럽습니다. 그러나 자신의 일상생활에서 어느 것이 천리天理이고 어느 것이 인욕人欲인지를 분별하여 기미가 일어날 때에 털끝만

한 것이라도 반드시 변별해야 합니다. 그런 다음 존양存養과 극치克治의 공부工夫를 하여 조금도 간단間斷없이 하며, 때때로 서책에 드러난 의리를 가슴에 담아 여기에서 얻은 것이 깊고 두터워지게 하면 저 인욕은 저절로 물러나서 천리의 명을 따를 것입니다. 지금 진실하게 착수한 공부 없이 단지 그 소장하는 분수分數만 보고 그 기묘함에 감탄한다면 한 차례 감상거리만 되고 말 뿐 실제로 얻는 데에는 무익할 것입니다.

『대산선생문집大山先生文集』 권25, 「답김도언答金道彦(己丑)」

일상생활에서 천리와 인욕을 분별할 줄 아는 것이 우선이라는 말이다. 그런 다음에 인욕을 철저히 제어하되 끊임없이 마음수양공부와 독서궁리공부를 병행해야만 가능하다고 했다. 김종덕은 아마도 이러한 스승의 가르침을 깊이 새겨 천리와 인욕의 갈림길에서 천리를 잇고 인욕을 끊는 공부를 끊임없이 실천하기를 다짐했던 것이다.

이러한 삶의 태도는 그의 아우들은 물론 아들, 손자 등 후손에게도 이어져 이 집안에 중요한 가르침으로 전승되고 있는 듯하다. 하는 일에서 강직한 품성을 잃지 않고 심성수양을 무엇보다 으뜸으로 여기는 위기지학의 삶을 살아가는 모습을 어렵지 않게 볼 수 있기 때문이다. 앞서 서술한 종손의 대화에서 나온 '세수청백'이란 말도 이러한 맥락에서 나온 것이 아닐까 싶다.

그런데 이런 천사종가의 가풍은 지금 우리들에게도 유효한 의미를 갖는다고 생각된다. 경제적 불황과 침체로 인해 날로 어려워지는 살림살이와 끝을 알 수 없는 실업난, 하루가 멀다 하

적선

고 발생하는 강력 범죄, 거기다 불안에 헤매는 청소년들까지, 점점 나아지리라 믿는 희망은 어쩌면 이러한 불안감의 반증일 것이다. 이러한 때에 세상에 휩쓸리기보다 자신을 다잡아 의연히 일어날 수 있는 강직한 품성과 일관된 신념은 우리에게 무엇보다 필요한 덕목이 아닐 수 없다.

참고문헌

『朝鮮王朝實錄』

『承政院日記』

『日省錄』

『安東金氏 都評議公派 世譜』

金光粹,『松隱先生文集』

金士貞,『後松齋文集』

金良佐,『沙州遺稿』

金養休,『栗園先生遺稿』

金宗德,『川沙先生全集』

金浩直,『雨岡文集』

金鴻洛,『某溪集』

金興洛,『西山先生文集』

南漢朝,『損齋先生文集』

柳成龍,『西厓先生文集』

李象靖,『大山先生文集』

李象靖,『大山先生實紀』

李象靖,『高山及門錄』

李野淳,『廣瀨文集』

李滉,『退溪先生文集』

李滉,『退溪先生言行錄』

程敏政,『心經附註』

丁範祖,『海左先生文集』

鄭宗魯, 『立齋先生文集』
蔡濟恭, 『樊巖先生文集』

김광남 편저, 『사촌마을 6백년』, 송광사, 2011.
김용선 역, 『역주 고려묘지명집성(상)』, 한림대출판부, 2012.
김창회 편, 『유자정초려중건지』, 천사김종덕선생기념사업회, 2010.
김창회 편, 『일반동산문화재 다량소장처실태조사-소장유물현황표』, 문화재청 경상북도, 2007.
대구 매일신문사 편집부 편, 『영남학맥』, 대구 매일신문화사, 1986.
백운용, 『김종덕 불천위 제례』, 국립문화재연구소, 2012.
송찬식, 「『한주전서』 해제」, 『한주전서』, 아세아문화사, 1980.
안영상, 「퇴계학자료총서 제8차분 해제: 손재집」, 『퇴계학』 16, 안동대 퇴계학연구소, 2007.
이상하, 「한국 성리학 주리설의 발전상에서의 대산 이상정」, 『대동한문학』 25, 대동한문학회, 2006.
이상하, 「한국 성리학 칠정리발설의 계보 상에서의 응와 이원조」, 『퇴계학과 유교문화』 39, 경북대 퇴계연구소, 2006.
이완재 외, 『춘계학술대회-천사 김종덕의 문학과 사상』, 동방한문학회, 2002.
장윤수, 『현대사회와 예절문화』, 양서원, 2010.
전병철, 「대산 이상정 성리설의 회통적 성격」, 경상대 박사논문, 2007.
전병철, 「대산학파의 고산정사 강회와 성리설 강론-金墇의 「고산강의」를 중심으로」, 『동방한문학』 38, 동방한문학회, 2009.
조지형, 「안정복의 「천학문답」에 대한 비평과 반서학적 인식의 확산」, 『국학연구』 38, 한국국학진흥원, 2019.

추제협, 「근기 퇴계학의 형성에 관한 연구—성호 이익의 성리설을 중심으로」, 계명대 박사논문, 2012.
홍원식 외, 『조선시대 심경부주 주석서 해제』, 예문서원, 2007.

〈디지털의성문화대전〉, http://uiseong.grandculture.net/?local=uiseong
〈한국문집총간DB〉, http://db.itkc.or.kr/
〈유교넷〉, http://www.ugyo.net/
대구 매일신문사, 「종부(3), 의성 사촌리 천사 선생 종가 김순섭 여사」, 2009. 9. 3. 기사, http://news.imaeil.com/SocietyAll/2009090314432006186

지은이

추제협 秋制協

경상북도 경산에서 태어나, 계명대학교 국어국문학과를 졸업하고, 경북대학교 대학원 국어국문학과에서 석사과정 수료, 계명대학교 대학원 철학과에서 석사와 박사학위를 받았다. 현재 계명대학교 철학윤리학과 조교수로 재직 중이다. 주로 근기 퇴계학파와 조선후기 실학에 대해 관심을 갖고 있다. 저서로는 『남명학과 현대사회』(공저), 『약포 정탁』(공저), 『한강 정구의 삶과 사상』(공저), 『한국철학을 다시 만나다』(공저), 『사단칠정론으로 본 조선 성리학의 전개』(공저) 등이 있고, 논문으로는 「한훤당 김굉필의 도학과 퇴계학」, 「이황과 김인후의 「천명도」 개정과 인간학의 정립」, 「이익의 격물설에 나타난 윤휴와 이만부의 사상적 영향」, 「조선중기 한강학파의 전개에서 본 대구지역 성리학의 특징」 등이 있다.

경북의 종가문화 61

서유자를 흠모하며
거경궁리의 학문을 이루다,

의성 천사 김종덕 종가

찍은 날 2020년 3월 25일
펴낸 날 2020년 3월 31일

기획 경상북도 · 경북대학교 영남문화연구원
지은이 추제협
펴낸이 김상동
펴낸 곳 경북대학교출판부
출판등록 1973년 10월 10일 ㉣97호
주소 대구광역시 북구 대학로 80
전화 053-950-6741~3
팩스 053-953-4692
이메일 press@knu.ac.kr
홈페이지 http://knupress.com

ISBN 978-89-7180-540-4 94900
978-89-7180-534-3 (세트)

정가는 뒤표지에 있습니다. 파본은 바꾸어 드립니다.